R. Boeszoermeny

Danzigs Theilnahme an dem Kriege der Hanse gegen Christian II. von Dänemark

Salzwasser

R. Boeszoermeny

Danzigs Theilnahme an dem Kriege der Hanse gegen Christian II. von Dänemark

1. Auflage | ISBN: 978-3-73400-083-6

Erscheinungsort: Paderborn, Deutschland

Erscheinungsjahr: 2015

Salzwasser Verlag GmbH, Paderborn.

Nachdruck des Originals.

Danzigs Theilnahme

an dem

Kriege der Hanse gegen Christian II. von Dänemark.

Ein Beitrag zur hanseatisch - scandinavischen Geschichte des XVI. Jahrhunderts.

Nach Urkunden des Danziger Rathsarchives.

I. Abschnitt.

Von

R. Boeszoermeny.

Vor der Betrachtung des für die Geschichte der nordischen Reiche so wichtigen Kampfes zwischen Christian II. einerseits, dem Schwedischen Reiche und den Ostseestädten andererseits, mit welchem sich die nachfolgenden Blätter beschäftigen sollen, sei es vergönnt, einige Worte über die Quellen, die dieser Arbeit zu Grunde gelegen haben, vorauszuschicken.

Durch die zuvorkommende Güte des Herrn Prof. Dr. Hirsch, des hiesigen Stadtarchivars, dem ich für die Gewährung des Zutritts zu unserm an wichtigen Urkunden so reichen Archive meinen innigen Dank abzustatten mich verpflichtet fühle, wurde mir eine genauere Einsicht in diejenigen Urkunden gestattet, welche auf die zwischen den Scandinavischen Staaten und Danzig im XVI. Jahrhundert bestehenden Verhältnisse der Politik und des Handels Bezug haben. Sie gehören in diejenige Zeit der hansisch-scandinavischen Geschichte, welche Heinrich Handelmann in seinem Buche: „Die letzten Zeiten Hansischer Uebermacht im Scandinavischen Norden (Kiel 1853) mit ausführlicher Benutzung des Lübecker Archives behandelt hat. Im Allgemeinen werden die Resultate, welche aus der Benutzung unseres Rathsarchives für diese Zeit hervorgegangen sind, wenig von den Resultaten abweichen können, die schon jenes geschätzte Buch zu Tage gefördert hat. Aber im Einzelnen möchte doch ein oder das andere Verhältniss, eine oder die andere Persönlichkeit, wenn sie ausschliesslich unserer Vaterstadt angehören, durch diese dem Archive derselben entnommenen Mittheilungen in einem helleren Lichte erscheinen.

Die dieser Untersuchung zu Grunde liegenden archivalischen Quellen sind zunächst Urkunden und Briefe sowohl der Könige Dänemarks, Schwedens und Polens, als auch der Proceres dieser Reiche, welche nach dem ihnen im Archive bestimmten Orte oder, wenn sie, was bei einem kleinen Theile derselben der Fall ist, noch nicht ihre bestimmte Nummer und ihren Ort gefunden haben, nach dem ihnen beigefügten Datum citirt werden. Eine noch reichere Quelle für die Forschung gewährten die Libri

Missivarum Senatus Gedanensis, enthaltend die Copieen der vom Danziger Rathe an Fürsten und andere Städte erlassenen Schreiben. Aus ihnen sind besonders die an Christian II., Sten Sture, Gustav Wasa, Sigismund, sowie an Lübeck und andere Städte geschickten Briefe hervorzuheben. Leider fehlt in ihnen das ganze Jahr 1515. Von gleich grosser Bedeutung sind die Acta Internuntiorum civitatis in variis reipublicae negotiis von den Jahren 1515—1523. Sie enthalten die Berichte, welche die Sendeboten des Danziger Rathes von den Höfen der Fürsten oder von den beschickten Städtetagen an den Rath schrieben. Da diese Briefe aus unmittelbarer Anschauung der auswärtigen Verhältnisse und oft aus der regsten subjectiven Theilnahme der einzelnen Persönlichkeiten hervorgegangen sind, so sind sie ganz besonders im Stande, den Leser mitten in das Treiben der politischen Zustände jener Zeiten zu versetzen und ihm ein treues, wahres Bild derselben zu gewähren, welches nicht durch den vermittelnden Bericht eines Nacherzählers getrübt ist. Endlich sind benutzt worden die von dem Danziger Geschichtsschreiber Stenzel Bornbach gesammelten Recesse von 1520—1523. Ueber den Werth dieser, wie auch der andern hier angeführten Quellen verweise ich auf das, was Hirsch in der Handels- und Gewerbsgeschichte Danzigs unter der Herrschaft des deutschen Ordens (Leipzig 1858) p. 69 ff. gesagt hat. Ueber Bornbachs Recesse bemerke ich nur, dass sie für diese Zeit zwar vielfach nur die Abschriften der aus den Missivis bekannten Schreiben enthalten, zugleich aber auch genaue Berichte über die Preussischen Städtetage geben, welche besonders für das Verhältniss der Polnischen Krone zu Danzig während der Verwicklungen mit Dänemark von grosser Wichtigkeit sind. Die Missiven und die Acta Internuntiorum sind besonders für das Jahr 1523 so ungemein reichhaltig, dass dieser Umstand ein Grund war, die Bearbeitung dieser Geschichte zu theilen und das Jahr 1523 zum Gegenstande einer besondern Aufgabe zu machen.

Ob durch diese Arbeit den historischen Forschungen über unsere Vaterstadt ein wesentlicher Nutzen gewährt ist, wage ich nicht zu behaupten, wenn ich das in Anschlag bringe, was bewährtere Männer der Wissenschaft gerade auf diesem Felde geleistet haben. Wenn aber auch hier das Wort gilt: „Jahre lang schöpfen wir schon in das Sieb und brüten den Stein aus; aber der Stein wird nicht warm, aber das Sieb wird nicht voll!" — so fördert hoffentlich auch schon die Herbeischaffung von urkundlichem Material die allgemeine Arbeit des menschlichen Geistes in der Wissenschaft, welche, wenn auch ewig, doch keine Danaidenarbeit ist.

Der Krieg, welchen die hanseatischen Ostseestädte gegen König Christian II. von Dänemark geführt haben, ist für den Freund der historischen Wissenschaft darum von besonderm Interesse, weil er der Kampf zweier Mächte ist, von denen die eine ihre Berechtigung in dem Geiste des Mittelalters gefunden hatte, die andere, der Staatenbildung der Neuzeit angehörend, das revolutionäre Recht des Neuen dem Veralteten gegenüber geltend machte. Auf der einen Seite stehen die Städte mit ihrem particularen Rechte besonderer Privilegien, welches als die erste Macht gegen die Gewaltthätigkeiten und Räubereien des mittelalterlichen Feudalwesens anzusehen ist. Die Blüthe ihrer Industrie und ihres Handels zu Land und zu Wasser erregt unsere Bewunderung, wenn wir das unruhige und veränderliche Treiben im Innern derselben, die fortwährenden Kämpfe der Factionen betrachten, die eben jene erregte Lebendigkeit nach aussen hin zu nähren scheinen. Auf der andern Seite steht der sich im Geiste der Reformation entwickelnde neuere Staat, der gegen die bestehenden particularen Rechte die monarchische Staatsmacht repräsentirt, deren Angehörige gleiche Rechte erhalten und durch welche der besondere Wille dem allgemeinen Zwecke des Ganzen unterworfen werden soll.

In der Hanse hat uns die Geschichte das Beispiel einer Handelsmacht gegeben, deren Existenz nicht an einen zusammenhängenden Grund und Boden, sondern an eine Anzahl zerstreut und von einander entfernt liegender Städte geknüpft war. Aehnlich wie die Mönchsorden, welche sporadisch eine Menge von Klöstern und andern Besitzungen innerhalb verschiedener Staaten besassen, bildete sie eine Art Staat im Staate, nach dem Character jener mittelalterlichen Zeit, welche sich noch nicht zum Begriff des Staates als eines Allgemeinen erheben konnte. Dennoch verlieh das die Thatkraft stählende Bewusstsein eines allgemeinen Interesses den Bundesgliedern eine Macht, welche Königreichen die Spitze bieten konnte, und ein Ansehen, welches Fürsten und Könige bestimmte, um die Gunst und den Beistand des Städtebundes zu buhlen. In dieser Machtfülle hat die Hanse den grössten Einfluss auf die Cultur der nordischen Länder geübt. In den Zeiten der grössten Finsterniss wurde durch sie bei wilden Barbaren der Grund zur Religion und Sitte gelegt, durch sie wurden die Wälder des Nordens gelichtet, und die Bewohner erst mit dem Segen ihres Vaterlandes bekannt gemacht. Stets wird die Weltgeschichte das Andenken an diesen segensvollen Städte- und Bürgerbund bewahren, der zu einer Zeit, als die gesegneten Südländer im Blute wateten, Leben und Licht in jene rauhen Gegenden brachte.

Aber nachdem die Hanse ihre Aufgabe, den Norden Europas auf dem Wege des Seeverkehrs in den Culturbereich der Geschichte zu ziehen, vollbracht hatte, ging sie ihrer Auflösung entgegen. Als die nordischen Staaten in ihrer Entwickelung soweit vorgeschritten waren, dass sie die bisher von den Städten vertretene Lebensrichtung in sich aufnehmen konnten, geriethen diese mit der Zeit in Gegensatz und in

Widerspruch mit jenen und konnten sich der Einfügung in die höhere staatliche Ordnung eben so wenig entziehen, wie ihre vereinzelten Niederlassungen der räumlichen Einverleibung in das grössere Ganze. Während im Mittelalter der Handel der baltischen Welt die Politik geordnet hatte und der „gemeine Kaufmann" die Ostsee beherrschte, wurde nach der Entdeckung Amerikas der Gesichtskreis des Welthandels weit über die Binnenmeere Europas hinaus erweitert, und als die Staaten aufhörten, sich von der kirchlichen Hierarchie bevormunden zu lassen, als das politische Selbstgefühl an dem Bewusstsein, dass man sich nicht mehr an Rom zu ergänzen brauche, erwacht war, da ordnete der Staat den Handel, so wie er auch die Kirche, die Schule, die Justiz und das Heerwesen ordnete und sie zu dem Seinigen machte. Die Staaten selbst waren darauf bedacht, die Vortheile des Handelsverkehres, der bisher nur im Interesse einer Anzahl bevorzugter Städte betrieben wurde, sich selbst und dem Ganzen zu Gute kommen zu lassen. Selbst zu Seemächten erwachsen, öffneten sie ihre Häfen den Niederländern und Engländern und die Hanse verlor die Hegemonie auf der Ostsee und mit derselben ihren Halt.

Die Hauptrolle in dem Umschwung dieser Verhältnisse fällt Schweden zu. Dies Land, dessen Bewohner den germanischen Stammcharacter rein bewahrt haben und von den nordischen gefahrvollen Binnengewässern zu einem starken und abgehärteten Geschlechte von Seehelden erzogen waren, so dass sie, nur spärlich für ihren Fleiss vom Boden des Landes belohnt, den kühnen Blick über die heimischen Gewässer hinausrichteten und fremde Gestade mit ihren Kriegsschaaren überschwemmten, — dies Land erkämpfte sich seine Unabhängigkeit von Dänemark und trat in der ersten Hälfte des XVI. Jahrhunderts aus seiner nordischen Abgeschlossenheit in den allgemeinen europäischen Zusammenhang heraus. Seitdem gab es kein Gebiet der Ostsee, auf welches der Schwede nicht im Wege des Angriffs seinen Fuss gesetzt hätte.

Diese Erhebung Schwedens, die mit der Befreiung von dem Joche des dänischen Königs Christian II. durch Gustav Wasa beginnt, ist zugleich der Anfang des Kampfes, den die nach höherer Kultur strebenden nordischen Staaten gegen das bisher behauptete Uebergewicht der privilegirten Hansestädte führen. Zur richtigen Würdigung desselben erscheint die Vergegenwärtigung der damaligen politischen Lage der betheiligten Staaten und Städte nothwendig.

Während des XV. Jahrhunderts hatten die Hansestädte in den nordischen Reichen die ihrem Handel gewährten Privilegien trotz mancher Versuche, sie zu entreissen, zu behaupten gewusst. Der deutsche Kaufmann besass die freie Ab- und Zufuhr in allen Städten, das Recht, sich in ihnen sowohl bleibend, als auch nur für bestimmte Zeit niederzulassen, ohne dabei die Lasten der übrigen Einwohner tragen zu dürfen, das Recht, gegen den gebührlichen Zoll Handel und Wandel treiben zu können, sicheres Geleit beim Durchzuge, dem er auch selbst durch Waffen, deren Führung ihm erlaubt war, Nachdruck verschaffen konnte, ferner die Zusage einer unparteiischen Rechtshülfe, wenn ausstehende Forderungen oder die damals öfter von den Regenten beliebte Maassregel der Münzverschlechterung oder willkührliche Zollerhöhung dieselben nothwendig machten, ja sogar an bestimmten Oertern eine eigene Gerichtsbarkeit, — kurz solche Privilegien, welche das Monopol des Handels der nordischen Reiche ausschliesslich in die Hände der Ostseestädte übergaben und jede Concurrenz der Eingebornen oder der Fremden verboten.[1])

Dieses Handelsmonopol wurde jedoch in den drei Reichen Norwegen, Schweden und Dänemark in verschiedener Weise von den Hansestädten gehandhabt. Den Handel Norwegens beherrschten die Ostseestädte am entschiedensten durch das aus 22 Höfen bestehende Comtoir von Bergen, dem Stapelplatz der norwegischen Fischerei, welches seit 1435 bis zum Ende des XVI. Jahrhunderts bestand. Hier auf der Brücke, wo die genannten 22 Höfe mit den Wohnungen der Meister oder Wirthe und ihrer Gesellen und

Jungen gegründet waren, übte ein aus 18 Factoren bestehender Kaufmannsrath unter dem Vorsitz eines oder zweier Altermänner ein strenges Regiment — durfte doch bei Strafe der Ausstossung aus dem Verband kein Familienband den Contorischen mit dem Eingebornen verbinden — und wachte über jeden Eingriff, den etwa die Eingebornen oder Fremde in die Privilegien der Hansischen sich erlauben wollten. Ja gestützt auf den Beistand der dort schon seit längerer Zeit angesiedelten deutschen Schuster, vermochten die wohl 3000 Mann starken Contorischen oft blutige Kämpfe gegen thätliche Angriffe der Eingebornen zu bestehen und dehnten dann im stolzen Selbstgefühl ihrer Uebermacht ihren Handel auch über die Grenzen der ihnen bewilligten Privilegien aus, indem sie gegen die Königlichen Verbote auch den Strand jenseit der Brücke zu Niederlassungen benutzten, um auch hier den Klein- und Hausirhandel ganz in ihren Händen zu haben.

In Dänemark beruhte die Uebermacht der Hansestädte hauptsächlich auf der Zollfreiheit im Sunde und auf dem Privilegium der Häringsfischerei an der damals zum dänischen Reiche gehörenden Küste von Schoonen. Was den ersten Punkt, die freie Durchfahrt durch den Sund, betrifft, so hatte schon der Frieden von Stralsund (24. Mai 1370), der den Krieg gegen König Waldemar Atterdag beendigte, neben der Bestätigung und Vermehrung ihrer Handelsfreiheiten auch die zollfreie Durchfahrt durch den Sund den Hansestädten gewährt. Freilich versuchte Erich von Pommern, anfänglich der Mitregent, nachher seit 1412 der Nachfolger der Unionskönigin Margaretha, der bis zum Jahre 1439, Recht und Gerechtigkeit verachtend, die Union beherrschte und dann in allen drei Reichen entthront wurde, die hansische Macht theils durch Begünstigung der Seeräubereien, theils besonders dadurch zu brechen, dass er von seiner neu angelegten Feste Orekrog (Helsingör) seit 1425 von seinem Voigte einen Durchgangszoll erheben liess. Allein die 4 wendischen Hansestädte, Lübek, Hamburg, Lüneburg und Wismar, welche in dem Kriege von 1426 bis 1435 die Anerkennung ihrer alten Handelsfreiheiten zu erzwingen suchten, erreichten in dem am 15. Juli 1435 zu Wordingborg auf Seeland abgeschlossenen Vertrage ihren Zweck und wussten den König in einem besondern Vertrage zu Calmar, wo sie zugleich seinen Streit mit Schweden beilegten, zur Aufhebung des Sundzolles in Helsingör, freilich nur für sich und mit Ausschliessung der von ihnen als Nebenbuhler angesehenen Preussischen Städte, zu bewegen. Diese, von ihren hanseatischen Bundesgenossen im Stich gelassen, erlangten erst 1441 von Erichs Nachfolger, Christoph von Baiern, in einem besondern zu Copenhagen abgeschlossenen Vertrage die Zusage, dass alle zur deutschen Hanse gehörenden Städte von dem Sundzolle unter der Bedingung befreit sein sollten, dass jede einzelne Stadt den Nachweis führen könnte, zu den Privilegien des Hansebundes berechtigt zu sein. Diese Bedingung wurde für die Preussischen Städte eine vielfache Beschwerden veranlassende Beschränkung, welche um so mehr von den dänischen Königen nach Willkühr angewandt wurde, als die Zusage selbst nur in der Bedrängniss des mit Schweden erfolgten, nunmehr beigelegten Zerwürfnisses gegeben worden war. Während also die Wendischen Städte das Recht der Zollfreiheit sowohl für den Sund, als für die Belte in Anspruch nahmen, finden wir noch am Ende des XV. Jahrhunderts Danzig, namentlich seit dem Abfall vom deutschen Orden, für den der dänische König Partei genommen hatte, von diesem Rechte ausgeschlossen. [2])

Mehr noch, als die Befreiung vom Sundzolle, sicherte den Hansischen Städten das Privilegium der Häringsfischerei an der Schonischen Küste das Handelsübergewicht in Dänemark, zumal hier keine Bevorzugung der Wendischen Städte vor den Preussischen Statt fand. Auf der kleinen Landzunge Schonen zwischen den Schlössern Skanör und Falsterbode lagen die sogenannten Vitten, d. h. die von hölzernen Planken umgebenen Fischerlager der einzelnen Städte, auf welchen in der sogenannten Schonenzeit vom Jacobustage (25. Juli) bis zum Martinstage (11. Novbr.) ein reges Leben nicht nur der mit dem Fange, Einsalzen und

Verpacken der Häringe Beschäftigten, sondern auch der Kaufleute und der verschiedensten Handwerker herrschte. Denn diese Plätze dienten nicht allein zur Fischerei, sondern sie waren zugleich die Mittelpunkte des ganzen Handels mit Schonen, der hier von deutschen Kaufleuten mit Waaren aller Art gegen mässigen Zoll auch weiter ins Land hinein zur Versorgung der benachbarten Schwedischen Städte getrieben wurde. Nach Erlegung eines nur geringen Schiffsgeldes war den Schonenfahrern die Durchfahrt durch den Sund frei, ja es war ihnen sogar gestattet, zollfrei die Waaren des einen Schiffes an Bord eines andern zu verladen, so dass dort ein lebhafter Umtausch der Waaren des Ostens und Westens, Südens und Nordens entstand. Die hier ansässigen Kaufleute, Fischer und Handwerker standen unter deutschen Vögten, denen die Gerichtsbarkeit und die Vertheidigung der zugestandenen Rechte, auch wohl die Entscheidung über die allen Vitten gemeinsamen Angelegenheiten, von ihrer Stadt anvertraut war. Was speciell die Preussische Vitte auf Schonen betrifft, so war sie den Preussischen Städten vom Könige Albrecht von Schweden, der im Kriege gegen den König Waldemar der Hanseatischen Flotte Hülfe geleistet hatte und dem dafür der Besitz Schonens zugesagt worden war, durch einen Freiheitsbrief, gegeben zu Falsterbode am Jacobustage 1368,[3]) als Eigenthum zugesprochen und 1370 vom Könige Waldemar selbst, als er während der Friedensunterhandlungen mit der Hanse in Preussen sich aufhielt, bei Gelegenheit eines besonders abgeschlossenen Vertrages gegen ein Geschenk von 500 Ungarischen Gulden bestätigt worden. Sie lag 800 Ellen lang und 290 Ellen breit, zwischen der Lübischen Vitte und den Dänischen Buden und besass dieselben Rechte, welche die übrigen Hansestädte in Schonen früher erhalten hatten. Die grossen Vortheile aber, welche der Besitz und die Benutzung der Vitte den Preussischen Städten gewährten, schwanden zu Anfang des XV. Jahrhunderts auf einige Zeit oder wurden wenigstens bedeutend vermindert, als der Häring aus unbekannten Gründen plötzlich seinen Aufenthalt an der Schonischen Küste verliess und nach der Nordsee seinen Zug nahm, so dass die Höhe des frühern reichen Gewinnes nur noch selten in einigen mehr begünstigten Jahren erreicht wurde. Dazu kamen die drohenden politischen Verhältnisse, das Kriegsunglück des deutschen Ordens gegen Polen und die schon oben erwähnten Bestrebungen des übermüthigen Erich, welche bewirkten, dass in der That 14 Jahre lang das Schonenlager bei Falsterbode unbesucht blieb. Nachdem aber die Zwistigkeiten mit Erich beigelegt waren und auch die Wendischen Städte den gewohnten Handel auf ihren Vitten wieder aufgenommen hatten, erwachte auch in den Preussischen Städten wieder der alte Handelstrieb nach Schonen; doch bewirkte nunmehr das Bedürfniss einer mehr einheitlichen Verwaltung der Preussischen Vitte, dass die Preussischen Städte sich alle unter dem Schutz des Danziger Vogtes vereinigten. Dieses seit 1436 von den übrigen Preussischen Städten dem Danziger Rathe überlassene Recht ging nach und nach in ein wirkliches Eigenthumsrecht Danzigs über und seit 1466 wurde die Preussische Vitte als Danzigs Besitzthum angesehen, das jedoch den übrigen Städten des Preussischen Quartiers zur Benutzung geöffnet war.

In Schweden endlich, damals dem ärmsten der Scandinavischen Reiche, welches fast nur auf die Zufuhr aus den Hansestädten angewiesen war, hatte der deutsche Kaufmann sich vollständig einheimisch gemacht. Das schon seit der Mitte des XIII. Jahrhunderts den Lübeckern zugesicherte und dann auch auf die andern Hansestädte ausgedehnte Recht, sich dort niederlassen und unter denselben Gesetzen, wie die Eingebornen leben zu können, führte den schwedischen Städten eine so zahlreiche deutsche Kaufmannschaft zu, dass der einheimische Kaufmann fast ganz vor jener verschwindet. So war Wisby auf Gothland fast durchweg eine deutsche Stadt, und in Stockholm einst die Zahl der Deutschen so überwiegend, dass sie sogar die Hälfte der Rathsstellen mit Deutschen besetzten. Dessenungeachtet war jede Familienverbindung derselben mit Einheimischen stark verpönt, so dass in der That hier die Beherrschung des Handels und der Industrie gewissermassen despotisch ausgeübt wurde; befand sich doch in ihren Händen der Gross- und Kleinhandel, ja sogar die Ausbeute der metallreichen Orte, wie des Kupferberges bei Falun. Wenn auch der Schwede selbst den Druck dieser Herrschaft gar zu sehr fühlte, so war doch bei den häufigen Kriegen gegen die Unionskönige die Regierung des Landes stets auf die Hülfe der Hansestädte angewiesen, die diese auch bereitwillig leisteten, ohne zu ahnen, dass einst von diesem Reiche die Macht der Hanse am meisten gebrochen werden sollte.

Obgleich nun zu Anfang des XVI. Jahrhunderts die noch ungeschwächte Macht der Hanse den Handel der nordischen Reiche beherrschte, so waren doch schon in ihrem innern Verhältnisse die Keime ihres bald hervortretenden Verfalls und des allmähligen Zurücktritts von dieser bevorzugten Stellung vorhanden. Es trat vor Allem der Mangel an Einheit der Bundesinteressen schon gegen das Ende des XV. Jahrhunderts deutlich hervor. Der Eifer, mit welchem einst die Bundesglieder im Kriege gegen Waldemar III. Eines für Alle und Alle für Eines gestanden hatten, war einem bedächtigen Abwägen, ob des Bundes allgemeine Interessen auch die der einzelnen Stadt wären, gewichen. So hatten schon im Kriege gegen Erich von Pommern die holländischen Städte ihre eigene Politik befolgt und unter dem Schutze einer besondern Neutralität den Verkehr in der Ostsee, der von den Wendischen Städten schon längst mit scheelen Augen angesehen wurde, ungestört fortgesetzt. Zwar waren die Lübecker, deren Stadt so lange der Hauptstapelplatz für die Ost- und Westhanseaten gewesen war, gleich nach Beendigung des Krieges eifrig bemüht, die Holländer als Ausserhansische ganz von der Segellation auf der Ostsee auszuschliessen, indem es einerseits den übrigen Städten den Verkehr mit ihnen verbot, anderseits Dänemark zu bewegen suchte, den Sund für sie zu schliessen. Allein dieses, das schon den Willen gezeigt hatte, die Vorrechte der deutschen Kaufleute zu kürzen, konnte nur bei dieser Concurrenz selbst gewinnen; und die übrigen Städte, namentlich die Preussischen und Liefländischen, fanden nun eine günstige Gelegenheit, sich von dem oft herrischen Gebot der Hansekönigin und ihrem oft lästigen Stapelzwange zu emancipiren. Wenn nun auch die holländische Segellation in der Ostsee eben nicht bedeutend war, so hatte diese Weigerung doch Lübecks Macht über die übrigen Bundesglieder im Principe erschüttert. Dazu kam, dass auch andere Städte im Innern Deutschlands, die bisher nur in losem Unterthanenverhältniss zu ihren Landesherren gestanden und allen Eifer dem Interesse des Bundes geweiht hatten, in der letzten Hälfte des XV. Jahrhunderts gegen die zunehmende Macht der deutschen Fürsten ihre Unabhängigkeit einbüssten und in ihren Privilegien beschränkt, an der Bundestheilnahme behindert wurden. So geschah es, dass auch sie nicht mehr dem allgemeinen Zwecke der Hanse, mit Aufopferung eigener Interessen, dienten, sondern nur dann ihre Thätigkeit mit der der übrigen Städte verbanden, wenn ohne Kosten oder Gefahren besondere Vortheile erzielt werden konnten.

Diese Verhältnisse kamen besonders Danzig zu gut, welches, wenn auch noch nicht unter dem Namen einer Quartierstadt, doch die übrigen Preussischen Städte überragte und in der ganzen Hanse dem Range nach nur Lübeck an Reichthum und Macht nachstand. Der dreizehnjährige Krieg (1454—66), welcher die Preussischen Länder von der drückenden Herrschaft des entarteten deutschen Ordens befreite, hatte zwar dem Wohlstande der Stadt, die mit der grössten Bereitwilligkeit dem Wohle des ganzen Landes während des Krieges nicht unbedeutende Opfer gebracht hatte, tiefe Wunden geschlagen, aber zu gleicher Zeit auch die Thatkraft und Energie ihrer Bürger so gehoben, dass ihre Bestrebungen, den im Kriege erlittenen Schaden wieder gut zu machen, von den glücklichsten Erfolge gekrönt wurden, zumal sie durch die vom Könige von Polen erlangten Privilegien angeregt und begünstigt wurden. Daher nimmt denn auch Danzig schon in der letzten Hälfte des XV. Jahrhunderts vermöge seiner überlegenen Macht zur See eine hervorragende Stellung unter den Städten des östlichen Hansegebietes ein.

Obgleich aber die innere Selbstregierung der Stadt durch die Freiheitsbriefe des Königs von Polen gesichert schien, so war sie dennoch nicht ohne Kampf gegen Polnische Uebergriffe zu behaupten. Schon Casimir selbst, der Ertheiler jener Freiheitsbriefe, liess nicht undeutlich auf den Preussischen Städtetagen das Bestreben erkennen, die Preussischen Lande, die ihn als ihren Schutzherrn anerkannten, zu einem abhängigen Theile des Polnischen Reiches zu machen und so die Rechte derselben zu verletzen. Solchen Eingriffen der Krone Polens hätten sie wohl einen nachhaltigen Widerstand entgegensetzen können, wenn nicht kleinliche Streitigkeiten, namentlich mit Elbing und Thorn, die Eintracht der Preussischen Städte gestört hätten. Zu Anfang des XVI. Jahrhunderts, als Sigismund 1506 den Polnischen Thron bestieg, wurden die Bestrebungen, Preussen in Unterthänigkeit zu bringen, immer offenbarer. Die Preussischen Städte wurden immer dringender angegangen, ihre Landesangelegenheiten mit den Berathschlagungen der Krone zu vereinigen, und Sigismund selbst bestätigte die Landesprivilegien erst nach acht Jahren, nachdem die Preussischen Stände sich tapfer seinen versuchten Eingriffen widersetzt hatten.

Wie nun die Städte Preussens auf die von dieser Seite zu fürchtenden Angriffe ihre Aufmerksamkeit richten mussten, so waren auch ihre Verhältnisse zu den nordischen Staaten fast immer den drohendsten Gefahren ausgesetzt. Das Gefühl der schmachvollen Abhängigkeit in Handel und Wandel von den Hansestädten trieb Fürsten und Unterthanen dieser Reiche oft ohne den geringsten Vorwand zu zu stets erneuerten Versuchen, die Privilegien dieser lästigen Nebenbuhler zu brechen. Zu schwach, um in offenem Kriege der Uebermacht der Städte die Spitze bieten zu können, scheuten sie sich nicht zu Seeräubereien ihre Zuflucht zu nehmen, welche oft mit grosser Kühnheit der Einzelnen und zum grossen Nachtheil des hansischen Handels ausgeführt wurden. Namentlich war es König Johann I. (1481—1512), der sich durch Begünstigung, ja wohl gar Besoldung solcher Seeräuber berüchtigt gemacht hat, und nach Kaspar Weinreichs Chronik 1491 sogar mit den Königen von England und Schottland zur Unterdrückung der Hanse in Verbindung trat.[4]) Auch die Kämpfe der nordischen Staaten mit einander, namentlich seitdem Schweden (1470) sich von der Union losgerissen hatte, störten den Handelsverkehr der Städte, auch wenn diese die Neutralität im Kampfe zu beobachten suchten, zumal da bei der Kriegführung jener Staaten allgemein der Grundsatz galt: „dat fiende guth makt fyende bodenn vnd fiende boddeme fiende guth." [5]) Solchen Gefahren gegenüber fehlte es auch der Hanse an einträchtigem Handeln; nicht nur die Hauptstädte, sondern sogar in dem engern Kreise der verschiedenen Gebiete befolgten die einzelnen Städte oft eine von einander ganz abweichende Politik. Während Lübeck gegen die Macht der Scandinavischen Könige, besonders gegen Johann I. in Verbindung mit Schweden den thätigen Angriff nicht scheut, in der sichern Erkenntniss dass die nordische Königsmacht die gefährlichste Feindin der hanseatischen Interessen ist, zeigt sich Danzig der dänischen Herrschaft günstig und untersagt seinen Kaufleuten den unmittelbaren Verkehr mit Schweden.

Kaum hatte nämlich König Johann (24. Novbr. 1497) nach der Besiegung Sten Stures bei Rotebro und nach der Versöhnung mit diesem die Krone Schwedens erlangt, auch seinem damals achtzehnjährigen Sohne Christian die Anerkennung als Thronerbe verschafft, als das Unglück in der Hemmingstedter Schlacht, in welcher die Blüthe des Holsteinischen und Dänischen Ritteradels gegen die republikanischen Dithmarschen erlag, auch der nationalen Partei in Schweden, welche den alten Hass gegen die Union nicht vergessen hatte, Gelegenheit gab, ihr Haupt wieder zu erheben. Der eben noch auf Sten Sture erbitterte Adel machte sofort gemeinschaftliche Sache mit ihm und erwählten ihn zu Wadstena (1501 am 29. Juli) zum Reichsverweser. Vergebens eilte König Johann mit einer Flotte seiner in Stockholm belagerten Gemahlin zu Hülfe; drei Tage vor seiner Ankunft hatte sie das Schloss nach einer achtmonatlichen Belagerung, welche Hemming Gadd, der Bischof von Linköping, leitete, übergeben. Auch nach Sten Stures Tode wurde der

Krieg gegen Dänemark unausgesetzt fortgeführt. Der zum Reichsverweser erwählte Svante Sture, aus altem königlichem Geschlechte entsprossen, und sein Gehülfe in der Regierung Hemming Gadd erglühten beide von Hass gegen die Dänische Herrschaft und wussten allen Bestrebungen einer zum Frieden geneigten Adelspartei entgegenzutreten. König Johann hatte unterdessen nicht nur durch den Dänischen Reichsrath die Schwedischen Reichsräthe ihrer Ehre und Güter verlustig erklären, sondern auch alle Schwedischen Güter, die in Dänemark oder Norwegen lagen, anhalten lassen, ja sich sogar an den Kaiser Maximilian gewendet und von ihm die Erklärung der Reichsacht über Schweden, welches nie vom Kaiser Notiz genommen hatte, und ein allgemeines Verbot des Handelsverkehrs mit diesem Lande erwirkt. Allein der kaiserliche Urtheilsspruch blieb wirkungslos bei den Hansestädten. Lübeck, Wismar, Rostock, Stralsund und Lüneburg hatten sich schon früher im Bunde mit Sten Sture an diesen Kämpfen betheiligt. Zwar hatten sie mit König Johann zu Nyköping auf Falster 1507 einen Vergleich geschlossen, nach welchem sie versprochen hatten, auch Danzig, Riga nnd Reval zur Anhaltung Schwedischer Güter, die zu diesen Häfen kämen, und zum Aufgeben der Schwedischen Segellation zu bewegen, bis er dies Reich wieder unterworfen haben würde. Allein diese weigerten sich, den Vergleich anzuerkennen, und Lübeck selbst benutzte nachher ihre Häfen, um seinen Verkehr mit Schweden fortsetzen zu können. So geriethen auch die Wendischen Städte von Neuem mit Dänemark in Krieg und verheerten, mit den Schweden verbündet, die Küsten dieses Landes. Damals wendete sich Johann auch an Sigismund, den König von Polen, um durch ihn aller Unterstützung der Schweden und ihrer Bundesgenossen aus dem Hafen Danzigs ein Ende zu machen. Allein Danzig bewies dem Polnischen Könige, wie widersprechend ein Bund mit Dänemark den Interessen der Preussischen Lande wäre. König Johann stützte die an Danzig gestellte Forderung, Schwedische Schiffe und Güter anzuhalten und aufzubringen, auf die kaiserliche Achtserklärung; ginge der König von Polen darauf ein, so würden dadurch die Preussischen Lande als ein Theil des deutschen Reiches anerkannt, und Danzig und Elbing den nachtheiligen Folgen der über sie verhängten Reichsacht ausgesetzt.[6]) Ausserdem habe sich Johann die Ansprüche auf so grosse Vergünstigung verscherzt, da sein Vater während des Preussischen Städtekrieges ein eifriger Verfechter des deutschen Ordens gewesen wäre, und auch er selbst die Schmälerung der Hansischen Privilegien häufig beabsichtigt hätte. Solche Gründe waren hinreichend, um den König von Polen von der Unrechtmässigkeit der Dänischen Forderungen zu überzeugen. Daher erklärte er dem König Johann, dass Danzig die Feinde Dänemarks weder anhalten, noch irgend sonst belästigen könne, ohne Unrecht zu thun und dass sich der Rath dieser Stadt schon dadurch freundschaftlich genug bezeigt habe, dass er seinen Bürgern verboten hätte, die Küsten des Schwedischen Reichs zu besuchen.

Nach solcher Abweisung musste freilich Lübeck hoffen, das mächtige Danzig noch zum offenen Kampfe gegen Dänemark oder wenigstens zur Einstellung der Schifffahrt nach diesem Lande und zur Vermeidung der Sunddurchfahrt bewegen zu können. Allein Danzig behauptete, sowie Hamburg, während des ganzen Krieges eine sehr laxe Neutralität und setzte seine handeltreibenden Bürger dadurch von Seiten der Lübischen Ausliger manchen Belästigungen aus, die leicht zu einem Bruche des Friedens hätten führen können, wenn nicht Nachgiebigkeit von beiden Seiten und der bald geschlossene Friede mit Dänemark diesen für beide Hansestädte gefährlichen Kampf verhindert hätten. Denn wenn auch die Unterstützung Lübecks das Kriegsglück auf die Seite des Schwedischen Reichsverwesers Svante Sture und seines Gehülfen Hemming Gadd neigte, so dass der letztere das Schloss Calmar, den Schlüssel Schwedens, und die Insel Oeland mit Borkholm eroberte und trotz seiner geistlichen Würde die Klöster auf Laaland brandschatzte und plünderte, so waren doch die Opfer, die durch den Krieg selbst und durch die Handelsstörung veranlasst wurden, für Lübeck zu gross, ausserdem auch die Erkenntniss, dass durch längere Fortsetzung des Krieges dem neutralen

Hamburg grosse Vortheile zugewendet wurden, so entscheidend, dass der Rath den Abschluss des Friedens zu Malmoe (23. April 1512) mit Freuden begrüsste. Durch denselben wurde den Schweden ein Jahr Frist gegeben, um sich zu entschliessen, ob sie den Dänischen König als ihren Herrn anerkennen oder ihm einen jährlichen Tribut von 1300 Mark Stockholmisch zahlen wollten. Am 2. Januar war bereits Svante Sture gestorben und sein Sohn Sten Sture der Jüngere zum Reichsverweser ernannt. Dieser, der edelste und ritterlichste der Sturen, vom Volke geliebt und mehr als sein Vorgänger auf dieses seine Macht gründend, musste bald an dem alten Schwedischen Adel, der über der Erhaltung seiner Selbstständigkeit und seiner Vorrechte eifrig wachte und daher auch dem Frieden mit Dänemark geneigt war, einen Gegner finden. Denn sofort verpflichteten sich die vornehmsten Herren des Schwedischen Reichsrathes unter einander durch einen Eid, sich der Freiheit und Macht, mit welcher sie in Ermangelung eines Königs über die Regierung des Reiches zu verfügen hätten, nicht berauben zu lassen und den Frieden mit Dänemark wiederherzustellen. Wenn sie mit ihren Plänen auch nicht sogleich durchdrangen, so bot doch der innere Zwiespalt im Reiche dem Dänischen Könige die beste Gelegenheit, den verlorenen Thron Schwedens nochmals zu erlangen und die alte Union der nordischen Reiche wiederherzustellen. Mit solchen Plänen starb aber König Johann am 21. Febr. 1513, aber sie fanden an seinem Sohne Christian II., der nun den Thron Dänemarks und Norwegens bestieg, einen noch kühnern und gewaltthätigeren Vertreter.

Nicht leicht hat die Nachwelt über einen Fürsten verschiedenere Urtheile gefällt, als über diesen. Von der einen Seite glänzend gepriesen, wird sein Name von der andern zu denen eines Nero oder anderer Tyrannen gestellt. In der That scheint seine hastige Unternehmungslust, die bald zu Gutem, bald zu Verabscheuungswürdigem sich hinneigt und dabei Nichts von Allem zu Ende bringt, ein festes, sicheres Urtheil zu erschweren. Gleich vom Anfang seiner Regierung sieht man ihn mit den verschiedenartigsten Entwürfen beschäftigt; aber Alles, was er unternimmt, wird mit einer Heftigkeit angegriffen, die ihm von allen Seiten Gegner und Feinde hervorrufen und zugleich das Misslingen zur Folge haben musste. Aeussert er doch selbst gegen Erasmus, mit welchem er auf seiner Reise zu seinem Schwager, Kaiser Carl V., zusammentraf: „Man richtet mit gelinden Mitteln Nichts aus; die kräftigsten sind immer die, so den ganzen Körper erschüttern." Was hat er nicht Alles in der kurzen Zeit seiner Regierung unternommen? Eine unumschränkte Herrschaft suchte er auf dem Sturz der zu tiefer Erniedrigung herabgesunkenen Geistlichkeit und des übermächtigen Adels, auf Erhebung des Bürger- und Bauernstandes und auf den Trümmern der Handelsmacht der Hansestädte zu gründen. Zugleich aber hatte er auch den Plan, Holstein zu erwerben und Schweden zu erobern. Das Alles suchte er bald durch Gesetze, bald durch Mord, List und Waffen, kurz mit so gewaltthätigem Sinne durchzuführen, der von einem Extrem zum andern ging und jedes Mittel für erlaubt hielt. So tritt uns überall die grösste Inconsequenz seines Handelns entgegen. In Schweden benutzt er eine päpstliche Bulle zum Vorwand seiner Grausamkeit, während er in Dänemark die Uebermacht der Geistlichkeit durch die Einführung der Reformation zu brechen hofft. Bald steht er mit Luther in Briefwechsel und beruft Carlstadt nach Copenhagen, bald sehen wir ihn, als eine Untersuchung des Stockholmer Blutbades aus Rom drohte, bei dem Papste um die Kanonisation zweier neuen Heiligen anhalten. Heute erhebt er seinen allgemein verabscheuten Günstling Dietrich Slaghek zum Erzbischof von Lund, und bald darauf lässt er ihn als den Urheber des Stockholmer Mordes hinrichten. So erscheint Christian II. als ein Fürst, welcher die Schwächen des Scandinavischen Reiches sehr wohl erkannt hat und getrieben vom Geiste der modernen Zeit seine Regierung auf die neuen Principien des Absolutismus, die bereits in andern Europäischen Reichen zur Durchführung gekommen waren, zu stützen suchte; der aber in seinem Streben der Wildheit seines Charakters erlag, der zugleich der seines noch in Unkultur und Rohheit versunkenen

Volkes war. Mit Recht sagt daher Geijer, der Schwedische Geschichtschreiber, von ihm: er war „ein König, bei dem man nicht weiss, was die Aufmerksamkeit am meisten fesselt, ob das, was er Alles unternommen, oder was er aufgegeben, oder was er mit Blut besudelt hat; ob seine Kühnheit oder seine Schwäche, oder jenes vieljährige Elend, womit er eine kurze und übel benutzte Gewalt büssen musste. Es giebt Menschen, die, wie die Sturmvögel vor dem Ungewitter, in der Geschichte wie Warnungszeichen eines annähernden Ausbruchs grosser Erschütterungen hervortreten. Christian, zwischen allen verschiedenen Richtungen seiner Zeit ohne Mittelpunkt hin und her geworfen, ist ein solches Wesen, geeignet, Furcht oder Mitleid zu erregen." —

Dass für einen solchen König die Bestimmungen des Vertrages von Malmoe nichts gelten würden und keinen dauernden Frieden zu begründen im Stande wären, liess sich mit Gewissheit voraussehen. Die Alternative, welche er den Schweden stellte, entweder den Dänischen König anzuerkennen oder sich zur Zahlung eines jährlichen Tributes zu verpflichten, wurde von beiden Seiten zu weitern Unterhandlungen benutzt, um dadurch Zeit zur Rüstung zu gewinnen. Auch Christian erwartete von dem Schwedischen Reichsverweser keine ihm günstige Entscheidung und entschlossen, je eher je lieber den Krieg gegen ihn zu beginnen, liess er noch während des Waffenstillstandes eine Aufforderung durch einen besondern Botschafter an Sigismund, den König von Polen, ergehen, dass er den Handelsverkehr seiner Preussischen Unterthanen mit den Schweden verhindern möge. Diese Forderung hatte er auf das alte, mit seinem Vater geschlossene Bündniss und auf die Artikel des 1507 abgemachten Nyköpingschen Vertrages, die nun dem Polnischen Könige schriftlich mitgetheilt wurden, gestützt. Aber der königlich Polnische Kanzler wusste von diesem Vertrage nichts und zog daher den Danziger Rathssendeboten, George Zimmermann, der sich damals am Polnischen Hofe zu Wilna befand, zu Rathe und liess sich von ihm die in Lübscher Sprache geschriebenen Artikel ins Lateinische übersetzen. Auf seine weitern Nachfragen, welche Bewandniss es mit diesem Vertrage habe und ob auch die Danziger zu diesen Artikeln verpflichtet wären, theilte ihm der Gesandte mit, dass zur Zeit des Krieges, den König Hans gegen die Schweden geführt habe, die Danziger stets mit diesen, wenn sie nach Danzig gekommen wären, Handel getrieben hätten; in Betreff aber der Fahrt nach dem Schwedischen Reiche habe der Rath durch öffentliche Anschläge an den Kirchen seine Bürger warnen und ankündigen lassen, dass er für etwaigen Schaden, der Danziger Schiffen auf der Fahrt dorthin geschähe, keine rechtliche Verantwortung übernehmen könnte. „Est istud a prudentibus inventum," antwortete der Kanzler beistimmend.[7]) In Folge dieser Unterredung theilte Sigismund, der allerdings die Schweden auch nur als Rebellen gegen ihren rechtmässigen Oberherrn ansah, dem Danziger Rathe mit, dass er gesonnen sei, dem Könige Christian, quia justum bellum moturus est adversus Suecos, zu willfahren. Aber wohl wissend, dass er mit dem direkten Verbot der Schwedischen Segellation dem Handel seiner Unterthanen eine schwere Wunde schlagen würde,[8]) forderte er zunächst auf, wohl zu berathen, wie er dem Dänischen Könige helfen könne, ohne dem Danziger Handel Schaden und Beschwerden zuzufügen („citra dispendium et gravitatem vestram"); doch verbot er wenigstens sofort aufs Nachdrücklichste, den Schweden Söldner oder Kriegsmaterial zukommen zu lassen.[9])

Indessen wurde der Waffenstillstand noch verlängert, und ein auf den 7. Febr. 1517 verabredeter Congress zu Halmstadt sollte das Schicksal Schwedens entscheiden. Da führte noch früher (Novbr. 1516) eine Gewaltthat Christians den offenen Bruch des Friedens herbei. Ein Schwedisches Schiff, welches für Rechnung des Reichsverwesers Sten Sture mit Tuch, Waffen und Munition von Lübecker Bürgern befrachtet war und auf der Rhede vor Travemünde lag, wurde auf Veranlassung der in Dänemark lebenden und mit Sten Sture entzweiten Wittwe Svante Stures plötzlich weggenommen und mit Erlaubniss Christians II. nach Copenhagen aufgebracht. In Folge dieses Friedensbruches brach Sten Sture die Unterhandlungen ab und der Krieg hätte sofort angefangen, wenn Christian genügend gerüstet und der Reichsverweser nicht durch die Dänische Partei in Schweden selbst bedroht gewesen wäre. An der Spitze dieser Partei stand Gustav Trolle, welchen Sten Sture selbst zum Erzbischof von Upsala ernannt hatte, um ihn wegen der Verdrängung seines Vaters von der Reichsvorsteherschaft zu versöhnen. Dieser erhob nun, auf Rache sinnend und auf Christians Hülfe rechnend, das Banner der Empörung gegen den Reichsvorsteher. Allein sein Versuch, schon jetzt die Dänische Herrschaft in Schweden zu begründen, misslang; er wurde auf seinem festen Schlosse Stäket, am Meere unweit Stockholm gelegen, eingeschlossen und obgleich ein geistliches Gericht in Dänemark auf päpstlichen Befehl den Reichsvorsteher mit dem Banne und das ganze Land mit dem Interdikt belegte, obgleich ein Dänisches Heer den gefangenen Erzbischof, freilich vergeblich, zu entsetzen suchte, zur Uebergabe gezwungen, seiner erzbischöflichen Würde entsetzt und in ein Kloster gesperrt. Im folgenden Jahre (1518) erschien Christian mit neuer Heeresmacht, erlitt aber wiederum bei der Kirche des Stockholm benachbarten Dorfes Bränkyrka am 22. Juli eine vollständige Niederlage. Der Unwille über den schlechten Erfolg seiner Waffen trieb ihn zum Verrathe. Er verlangte eine persönliche Zusammenkunft mit dem Reichsvorsteher und als zu seiner Sicherheit Geiseln auf die Dänische Flotte geschickt wurden, unter ihnen der junge Gustav Erichson Wasa und Hemming Gadd, nahm er dieselben wider Treu und Glauben gefangen und eilte mit ihnen nach Copenhagen zurück.

Diese Kämpfe konnten nicht ohne Einfluss auf das Verhältniss der Hanse zu den nordischen Reichen bleiben. Christian II., der noch bei Lebzeiten seines Vaters, als er in Norwegen Statthalter war, den Druck der unter den hanseatischen Privilegien leidenden Einwohner kennen gelernt und die Uebermacht der Städte zu hassen angefangen hatte, war schlau genug, seinen Hass nicht gleich am Anfang seiner Regierung zu verrathen und hatte daher ohne Schwierigkeiten die alten Privilegien der ganzen Hanse bestätigt. Aber ein allgemeines Gerücht ging seinen Plänen schon voraus; redeten doch die Frauen am Rocken davon, berichtet George Zimmermann aus Königsberg an den Danziger Rath, dass der König von Dänemark die Schiffe der Danziger nicht durch den Sund segeln lassen würde. [10]) Schon in den nächsten Jahren erkannte man in der That, dass man von den neuen Könige das Schlimmste zu erwarten habe, wenigstens gewiss keine Achtung vor den eben bestätigten Privilegien. Mannigfaltige Beschwerden über neue Abgaben, ja sogar über ein am 4. Mai 1516 erlassenes Verbot, in Falsterbode den Häring zu salzen, wurden geführt und der König versprach den Lübeckern und den andern Wendischen Städten nur unter der Bedingung die Abstellung der erhobenen Klagen, wenn auch von Seiten der Hanse die Segellation nach Schweden abgebrochen würde, indem er sich dabei auf den alten, niemals anerkannten Vertrag zu Nyköping stützte. [11]) Wenn schon dies Verlangen und jene Eingriffe in die Privilegien der Hanse seine Pläne verriethen, so mussten die Bemühungen, auch andern Nationen den Handel in Dänemark zu eröffnen und dadurch den Städten Concurrenten zu erwecken, noch gefährlicher erscheinen. War es der Einfluss der jungen Königin Isabella, der Schwester des Erzherzogs Carl, mit welcher sich der König am 12. Aug. 1515 vermählte, oder der Rath der verständigen Amsterdamerin Sigbrit, deren Tochter, die schöne Dyveke, des Königs frühere Geliebte gewesen war und welche auch nach seiner Vermählung ihren Einfluss auf Christian nicht aus den Händen liess, — kurz die Niederländer, die von den Ostseestädten vom Mitgenuss ihrer Privilegien ausgeschlossen waren, fanden in Dänemark die günstigste Aufnahme und wurden, wenn auch nicht durch allgemeine Privilegien, so doch durch die einzelnen Kaufleuten gewährten Vortheile zur Niederlassung ermuntert. Aber auch die Dänischen Städte, deren Handel bisher gar nicht in Betracht gekommen war, da die Deutschen in unmittelbarem Verkehr mit dem Adel, dem Klerus und der Bauernschaft standen, sollten zu Concurrenten der Hanse erhoben werden. Vor Allem galt Christians Fürsorge in dieser Beziehung der Hauptstadt des Landes Copenhagen. Schon im Jahre 1517 verlegte er den Sundzoll, dessen Einnahme nun den willkürlichen Maasnahmen der damit betrauten Sigbrit unterworfen war, von Helsingör nach dieser Stadt, die wegen ihrer vom Fahrwasser entfernteren Lage den Schiffern Unbequemlichkeit und Verzögerung bereiten musste. Ja noch mehr, er verkündigte allen fremden Nationen, die hier einen Stapelplatz für ihre Waaren errichten wollten, die Verleihung grosser Privilegien. Solche neuen Maassregeln, die freilich nicht gegen den Wortlaut der hansischen Privilegien, wohl aber gegen das eben so eifersüchtig bewachte Gewohnheitsrecht verstiessen, zeigten den Hansestädten die ganze Gefahr, in welche sie durch Christians Pläne gestürzt wurden. Für sie war es also keine Frage, auf welche Seite sie sich im Falle des erneuerten Krieges gegen Schweden zu stellen hätten.

Danzig freilich schien anfangs vor den übrigen Hansestädten von Christian II. bevorzugt zu werden, offenbar, weil er das schlechte Verhältniss, in welchem diese Stadt zu Lübeck seit dem gegen König Johann geführten Kriege stand, zu benutzen gedachte. Hatte doch Danzig die Handelsverbindung mit den Holländern, welche Lübeck so gerne von der Segellation nach der Ostsee ausgeschlossen hätte, niemals aufgegeben; ja, vergessend seiner Bundespflicht, die es zur Theilnahme am Kriege hätte ermahnen sollen, hatte es sogar so wenig Achtung von der von Lübeck erlassenen Warnung („warchauwing"), sich von den Dänischen Gewässern fern zu halten, gezeigt, dass es sogar die Dänischen Häfen mit der nöthigen Zufuhr versorgte. [12]) Nichtsdestoweniger war man auch in Danzig über den Abschluss des Malmöer Friedens hoch erfreut. In einem besondern Schreiben an die Wendischen Städte sprach der Rath seine Freude darüber und die Hoffnung unverholen aus, dass nun sowohl ein friedlicheres Verhältniss der beiden Städte, Danzig und Lübeck, eintreten, als auch der so lange gestörte Verkehr nach Holland, Seeland und Westfriesland keine Unterbrechung erleiden würde. [13]) Allein Lübeck schien für's erste wenig geneigt solche Hoffnung zu erfüllen. Vergeblich verlangte der Danziger Rath, dass die Preussische Vitte auf Falsterbode, welche die Lübecker während des Preussischen Krieges, als die Danziger sich der Schonenreise enthalten mussten, um ein Beträchtliches zu verkleinern sich erlaubt hatten, in ihren frühern Grenzen wiederhergestellt würde. Er musste sich gegen diese Verletzung des Gebietes, die gegen die von den Dänischen Königen bestätigten Privilegien verstiesse, sein Recht bei Christian II. selbst holen. [14]) Je bereitwilliger dieser auf die Bitte der Danziger einging, desto halsstarriger zeigte sich Lübeck. [15]) Erst im Jahre 1514 wurde auf Christians Befehl die Entscheidung des Streites besondern Commissarien, die ausschliesslich zur Grenzregulirung der Vitten abgeschickt wurden, übergeben, und durch einen besondern Recess des Dänischen Reichsrathes verordnet, dass die Vögte beider Städte während der diesjährigen Schonenfahrt einen Beweisschein („Certificatio") von ihrer Stadt mitbringen sollten, um ihre Privilegien und Rechte gebrauchen zu können. [16]) Danzig schickte als Bevollmächtigten nach Schonen den Rathsmann Hennig Szum und in einer ihm mitgegebenen Instruction [17]) wurde ihm besonders aufgetragen, dahin zu wirken, dass nicht etwa für solchen „frevenlichen" Eingriff in fremdes Eigenthum das Verjährungsrecht beansprucht werden könne. Danzig habe sich niemals seiner Privilegien begeben und werde sich derselben auch ferner nicht begeben. Vielmehr solle der Bevollmächtigte darauf dringen, dass die Lübecker den Besitz ihrer Vitte durch glaubhaftige Schriftstücke bewiesen. Sollte aber dennoch der Spruch zum Schaden Danzigs gefällt werden, dann solle der Vogt an den König selbst appelliren, und um Aufschub zu erlangen, neue Instructionen vom Rathe einholen. Damals ist freilich eine Entscheidung dieses Streites trotz der freundschaftlichen Gesinnung des Königs gegen Danzig und trotz seines gegen Lübeck stets bewiesenen Misstrauens nicht herbeigeführt worden. Aber unter dem Eindruck der spätern Verletzungen der Privilegia, welche der König sich auch gegen Danzig bald erlaubte, trat dieser Streit mehr in den Hintergrund und wurde dem gemeinsamen Feinde gegenüber vergessen. Wenigstens wurde im Jahre 1518 dem neuen Vogte Merten Hasse der bestimmte Auftrag gegeben, sich um die Streitigkeiten mit dem Lübecker Vogt nicht zu bekümmern, da in diesen Angelegenheiten ein besonderer Bevollmächtigter geschickt werden würde und da man, in der Absicht den Lübecker „Freunden" kein Recht vorzuenthalten, auch Gleiches von ihnen erwarten könne.[18]) Dennoch entschieden endlich in demselben Jahre Christians Räthe den Streit zu Gunsten Danzigs. Ueber den Spruch derselben klagte zwar Lübeck, doch machte der Danziger Rath die Lübecker auf die Gerechtigkeit der Entscheidung aufmerksam, da die Dänischen Räthe seinem Vogte nicht mehr zugesprochen hätten, als was ihm von Rechts wegen gebühre und die Lübische Vitte an der ihr zukommenden Länge und Breite nichts verloren habe.[19])

Noch merklicher zeigte der König bei einer andern Gelegenheit seine freundschaftliche Gesinnung gegen Danzig. Kaufleute und Bürger dieser Stadt waren durch einige Knechte des Dänischen Admirals Severin Norby, jenes tapfern Seehelden, der damals als Amtmann auf dem Dänischen Gothland seines Königs Sache in der Ostsee vertheidigte, beraubt, einige von ihnen sogar ermordet worden. Auf die Beschwerde des Danziger Rathes liess er nach strenger Untersuchung die Schuldigen festnehmen, wollte aber nicht eher über sie richten, als bis einer der beraubten Kaufleute oder ein Bevollmächtigter des Rathes nach Copenhagen gekommen wäre, um dem Spruche seines Gerichtes beizuwohnen.[20])

Aber auch Danzig, vielleicht von Eifersucht gegen die Nebenbuhlerin getrieben, oder in der täuschenden Hoffnung, von den gegen die Wendischen Städte verübten Verletzungen verschont zu bleiben, unterliess Nichts, um sich die Gunst des Königs zu verdienen und zu erhalten. Als der König mit glänzendem Pomp die Einholung seiner jungen Gemahlin und seine Vermählung feierte, zu welcher auch eine Einladung an den Danziger Rath ergangen war,[21]) hatte er sich zur Ausrüstung seiner stattlichen Flotte auch von Danziger Bürgern und Rhedern zwei vollständig und glänzend ausgerüstete Holken gemiethet.[22]) Eine Bezahlung dieser Schuld erfolgte erst nach mehrfacher Mahnung und auch dann nur in einzelnen Raten. Hennig Szum, der Vogt auf Schonen, wurde erst nach Verlauf eines Jahres mit der Einkassirung dieser Schuld vom Rathe beauftragt[23]) und erhielt als erste Abschlagszahlung 20 Last Häringe, welche der Rath mit 1680 Mark (nach seiner Angabe die Tonne zu 7 Mark, die Last zu 84 Mark) berechnete, so dass noch ein Rest von 328 Rhein. Goldgulden zu entrichten blieb. Der nachfolgende Vogt, Merten Hasse, der mit der Einkassirung dieses Restes beauftragt wurde,[24]) richtete Nichts aus und da im Laufe der Zeit die Feindseligkeiten des Königs gegen Danzig immer häufiger wurden, wurde nicht weiter an die Bezahlung gedacht.[25]) Noch mehr bewies aber Danzig seine Bereitwilligkeit, des Königs Wünsche zu erfüllen, bei Gelegenheit seiner ersten Unternehmung gegen Schweden. Als Christian im Sommer 1518 sich vor Stockholm gelagert hatte, schickte er seinen Sekretär Blasius Koszelitz als Gesandten mit zwei Holken nach Danzig, um hier 100 Last Mehl und 100 Last Bier aufzukaufen, welche der König sich verpflichtete, theils von seinem Zöllner in Helsingör, theils von dem in Falsterbode bis Michaelis bezahlen zu lassen. Ohne Zögern überschickte der Rath ihm den verlangten Proviant und forderte für das Mehl 1214$\frac{1}{2}$ Mark und für das Bier 1559 Mark 40 Schillinge.[26]) Die Bezahlung erfolgte diesmal wirklich gegen das Ende des Jahres.[27]) Eben so bereitwillig schoss der Rath einem Dänischen Capitän, dessen Schiff an der Liefländischen Küste gestrandet war und der aller Mittel entblösst nach Danzig kam und hier im Namen seines Königs um Hülfe bat, die Summe von 100 Horngulden vor. Auch die Arbeit der Danziger Handwerker wurde zu wiederholten Malen in Anspruch genommen. Gegen das Ende des Jahres 1518 verlangte der König 8 oder 10 Zimmerleute, welche nach Reval geschickt werden sollten, wo das Dänische Schiff „Maria" überwinterte, und zugleich auf seinen dort sich aufhaltenden Schiffsmeister die Summe von 4 bis 500 Gulden anzuweisen, wofür er versprach, die Danziger mit dem Ruderzolle nicht mehr, als die andern Hanseaten zu beschweren.[28]) Diesen Wunsch freilich konnte der Rath nicht erfüllen, doch selbst die Zurückweisung konnte dem Könige einen Beweis von Danzigs freundschaftlicher Gesinnung geben. „Geschickte Zimmerleute, antwortete er, wollten nicht dorthin; untaugliche aber wolle man dem Könige nicht überlassen; ausserdem verhindere der Mangel an geschäftlicher Verbindung mit Reval die verlangte Geldverschreibung." Zu derselben Zeit war auch der Dänische Schiffsmeister Johann Schipbuwer beauftragt, ein grosses Anker von 12 Schiffspfunden in Danzig anfertigen zu lassen.[29]) Der Rath kam sogleich dem Wunsche des Königs entgegen und verpflichtete sich, den Ankerschmied zu entschädigen und mit der Einkassirung dieser Forderung so lange zu warten, bis es dem Könige zu bezahlen bequem wäre. Das ist es freilich dem Könige niemals gewesen. Denn als ihm angezeigt wurde, dass das bestellte Anker von 15 Schiffspfunden zum Preise von 210 Preussisch. Mark bereit liege, wurde es sofort auf seinen Wunsch auf Kosten des Rathes dem in Reval liegenden Dänischen Capitän übersandt. Aber trotz mehrfacher Mahnungen konnte der Rath nicht zum Ersatz des ausgelegten Geldes gelangen.[30])

Wenn freilich Danzig durch solche Zuvorkommenheit gegen die Wünsche des Königs in seiner Gunst so zu steigen hoffte, dass es die drohende Haltung desselben gegen die Hanse überhaupt nicht auf sich zu beziehen glaubte, so hatte es sich freilich hierin bitter getäuscht. Denn schon im Herbste des Jahres 1518, bald nachdem Danzig die Noth des aus Schweden zurückkehrenden Dänischen Heeres durch reichliche Verproviantirung gelindert hatte, zeigte Christian seine feindseligen Gesinnungen. Die hartnäckige Weigerung des 1511 erwählten Hochmeisters, des Markgrafen Albrecht von Brandenburg, seinem Oheim Sigismund von Polen die Lehnshuldigung zu leisten, drohte dem Preussischen Lande, die in der That noch sehr der Segnungen des Friedens bedurften, von Neuem zum Schauplatz eines blutigen Krieges zu machen. Trotz mannigfacher Versuche, die Sache auf gütlichem Wege beizulegen, sah sich Sigismund seiner Ehre und königlichen Autorität halber genöthigt, allen seinen Unterthanen den Handelsverkehr mit dem Hochmeisterlichen Preussen zu verbieten. (10. Aug. 1518.) Dieses Verbot erwiderte der Hochmeister mit gleichen Repressalien und mit starker Kriegsrüstung, zu welcher ihn die mit vielen deutschen Fürsten und auch mit Christian II. eingegangenen Verbindungen in Stand setzten. Während man nun in Danzig den drohenden Krieg noch fern wähnte und an Nichts weniger, als einen feindlichen Ueberfall dachte, ankerten plötzlich am Abend vor Michaelis[31]) zwölf Dänische Kriegsschiffe mit einer Besatzung von 3000 Mann (gregariorum militum) auf der Rhede. Es war der Rest jenes aus 6000 Mann und andern Hülfstruppen bestehenden Heeres, mit welchem Christian im vergangenen Sommer Schweden angegriffen hatte und welches nach seiner Niederlage von Danzig selbst nach dem Wunsche des Königs verproviantirt worden war. Am folgenden Tage um 10 Uhr wurde ein Theil dieser Truppen, 1200 an der Zahl, auf der Nehrung ausgeschifft, um von da gegen Balga und den Hafen von Königsberg in das Gebiet des Hochmeisters geführt zu werden; der andere Theil aber sollte auf von der Stadt requirirten Transportschiffen („trajeciticis naviculis") nach dem Herzogthum Pommern geschickt werden. Auf diese Nachricht liess der Rath sofort den Hafen, so gut es in der Eile möglich war, befestigen und stellte Tag und Nacht auf den Mauern und an den Thören Wachtposten aus. Den Bürgern, die auf alle Fälle gerüstet sein mussten, wurde verboten keinen jener Soldknechte gastlich aufzunehmen. Doch gestattete man „ob singularem serenissimi Daniae regis complacentiam" denjenigen, die nach Pommern hinübergeführt werden sollten, das zu ihrem Unterhalte Nothwendige anzukaufen und bewog auch einzelne der nach Königsberg bestimmten Abtheilung, welche ausserhalb der Stadt in Herbergen sich niedergelassen hatte, denselben Weg zu nehmen, den Kriegern aber, die ihnen etwa noch begegneten, anzukündigen, dass sie sich jedenfalls von der Stadt fern zu halten hätten.

Durch einzelne dieser Truppen, die man in die Stadt gelassen hatte, um sie auszuforschen, so wie auch durch Boten des Hochmeisters, die bei dem Könige von Dänemark gewesen waren, erfuhr der Rath, dass diese Schaaren und deren Führer durch bestimmte Versprechungen angelockt worden wären, wenn sie nach glücklichem oder unglücklichem Kampfe in Schweden aus den Diensten des Königs entlassen wären, nach Preussen zu gehen, um dort in den Sold des Hochmeisters zu treten. Ja, es ging sogar das Gerücht, dass Christian die Führer der Schiffe und der Truppen durch einen Eid verpflichtet hätte, keinen dieser Söldner in den ihm unterworfenen Ländern auszusetzen. Daraus leuchteten deutlich die feindlichen Absichten Christians auf die Polnischen Länder ein. Indessen ging diesmal noch der drohende Kriegslärm an den Mauern Danzigs vorüber. Denn nachdem jene Abtheilung des Heeres, welche sich auf der Nehrung und zwar im Gebiete des Hochmeisters, aber hart an der Grenze des Polnischen Gebietes (der Ort wird „Scheyte oder Mittelhof" genannt) gelagert hatte, hier nach der Mittheilung der Späher vom Hochmeister mit Speise und Trank verpflegt worden war und acht Tage auf den vom Hochmeister nachgesuchten Bescheid, ob er sie in Sold nehmen wolle, gewartet hatte, erhielt sie am 11. Octbr. eine abschlägige Antwort. Die Führer wendeten sich sofort an den Danziger Rath und baten um die Erlaubniss, ihre Truppen durch die königlich Polnischen Länder, nach Einkauf der nöthigsten Bedürfnisse, nach Deutschland zurückführen zu können. Der Rath, der mit Recht den Durchzug solcher herrenlosen Söldner durch die Stadt für gefährlich halten musste, benachrichtigte die Führer durch besondere Boten, dass sie ihre Truppen längs des Meeresufers bis an den wohlbefestigten Hafen führen könnten; dort sollten sie auf die andere Seite der Weichsel auf Transportschiffen ohne Verzug übergesetzt werden; zum Ankauf von Lebensmitteln könnten aber nur acht oder zehn in die Stadt gelassen werden. So geschah es. Nachdem diese Söldner am 13. Octbr. in den Vormittagsstunden über die Weichsel gesetzt worden waren, zogen sie, ohne die Stadt zu belästigen, nach Pommern hin ab. [32])

Wenn Danzig nun schon in dieser beabsichtigten Hülfeleistung einen Beweis von Christians feindseliger Gesinnung erblickte, so sollte es auch gleichzeitig erfahren, dass seine Bemühungen um die Freundschaft des Königs vergeblich gewesen waren und vor den Eingriffen in die hanseatischen Privilegien nicht schützten. Schon zu Anfang des Jahres 1518, als betrübende Berichte über ungewöhnliche grosse Belastungen der Kaufleute sich überall verbreiteten, sah sich der Danziger Rath genöthigt, bei Christian anzufragen, wessen sich seine Bürger und Kaufleute, die nach den von seinem Grossvater und Vater, ja auch von ihm selbst bestätigten Rechten das Reich Dänemark besuchten und die Fahrt durch den Sund gegen die westwärts gelegenen Städte benutzten, für die Zukunft zu versehen hätten. [33]) Denn schon 1517 hatte der König von Sonderburg aus das bestimmte Verlangen an die Ostseestädte gestellt, sich des Verkehrs mit Schweden zu enthalten. Da aber Lübeck auf dies Verlangen nicht einging, weil es mit Schweden im Vertrag stand, hatte er seinen Unterthanen die Schifffahrt nach Deutschland verboten. Allein diese Maassregel, die gerade am härtesten Dänemark selbst traf, dessen Einwohnern dadurch alle Gelegenheit des Gelderwerbes abgeschnitten wurde, erregte ein so grosses Missvergnügen, dass der König sich genöthigt sah, sein Verbot am 11. Novbr. zurückzunehmen. Noch mehr hatte der Uebermuth der Dänischen Ausleger, die den ruhigen Verkehr auf der Ostsee nur zu oft störten, den Kaufleuten zu mannigfachen Klagen Veranlassung gegeben; hatte doch sogar der König, als es ihm zur Ueberfahrt seines Heeres an Schiffen gefehlt hatte, sechs Stralsunder und ein Danziger Schiff nach seiner gewöhnlichen Willkür angehalten und dazu benutzt. Auf jene Beschwerde Danzigs antwortete indessen Christian diesmal noch beruhigend, es müsse dem Rathe ohne Zweifel noch in frischem Gedächtniss sein, dass er den seinem Grossvater und Vater gehaltenen „bestandt" zu halten versprochen habe; er wolle auch ferner „vmme sunderlicher guust vnnd thoneygunge, na aller gebor, als ein Christlicher furste billich vnnd geborlich dar Inne" sich halten und schicken und er verwundere sich nicht wenig, „dat gy vnns solcke schrieff'tlicke ansokinge darome gedaen hebben; da er doch wegen dieses Bestandes vor Kurzem erst seine Gesandten zu ihnen geschickt habe.³⁴)

Waren nun diese beruhigenden Worte nicht ernstlich gemeint, oder wurde der König durch die Heftigkeit, mit welcher er die Unterwerfung des Schwedischen Reiches betrieb, gegen die Hanse zu wiederholten Verletzungen der von ihm anerkannten Rechte getrieben, kurz schon in den nächsten Monaten gab das Verfahren Christians auch den Danzigern zu neuen Klagen vielfachen Grund. Denn schon im August desselben Jahres gelangte von Bürgern und Kaufleuten, die zur Schonfahrzeit auf Falsterbode verkehrten, die Nachricht nach Danzig, dass sie gegen Gerechtigkeit, Privilegien und alles Herkommen von den königlichen Zöllnern mit neuen Abgaben beschwert würden. Das Rhedergeld, klagt der Rath,³⁵) welches nach altem Brauch stets nur 9 Pfennige betragen habe, sei nun auf einen oder sogar zwei Gulden erhöht. Solche willkürliche Zollerhöhung machte die neue Kriegesrüstung nöthig, welche der König gleich nach dem ersten misslungenen Versuch und während des Jahres 1519 mit allem Eifer betrieb und die ihn nöthigte auf jede mögliche Weise Geld zusammenzuraffen. Ebenso schwer, wie diese Zollerhöhungen, wurde in Danzig auch das erneuerte Verbot der Segellation nach dem Schwedischen Reiche, mit welchem stets freundschaftliche Beziehungen unterhalten worden waren, empfunden. Schon am 27. Febr. 1518 hatte Christian nach Danzig einige Copieen des vom Kaiser Maximilian erlassenen Mandates, welches die „vngetruwen, vngehorsamen vnderszaten vnd rebellen de Sweden in acht vnd aberacht gethan", mit der Bitte gesandt, sie in der Stadt anschlagen und verkündigen zu lassen.³⁶) Eine noch ernstlichere Aufforderung sich der Absendung von Kriegsleuten und Kriegsmaterial zu enthalten folgte im Septbr. gleich nach beendigtem Feldzuge.³⁷) Um aber derselben noch mehr Nachdruck zu verschaffen, erwirkte er durch einen besonderen Gesandten, Dictenus, juris pontificii doctor, von Sigismund ein gleiches Verbot.³⁸) In Folge dessen erliess der Danziger Rath in der That eine Warnung an seine Bürger, Schweden mit keiner Zufuhr zu besuchen; wer dawider handele, würde kein Recht haben, sich seines etwaigen Schadens halber zu beklagen und dürfe vom Rathe keine Vertretung bei dem Könige Dänemarks zur Erlangung einer Entschädigung gewärtigen.³⁹) Allein dieses Verbot scheint nur vom Rathe erlassen zu sein, um äusserlich dem Befehle des Königs von Polen Genüge zu thun und den schuldigen Gehorsam nicht zu verletzen. Denn es wurde nicht allein von Bürgern und Kaufleuten, sondern sogar von Mitgliedern des Rathes selbst, die auf eigene Gefahr ihre Schiffe Schweden besuchen liessen, vielfach übertreten. Freilich geschah es auch wohl, dass bei dem damals für den Seekrieg allgemein gültigen Grundsatz, dass feindlichen Boden auch feindliches Schiff machte, die Schwedischen Auslieger sich an Danziger Schiffen und Gütern vergriffen. Allein in solchem Falle war der Rath stets zur grössten Nachgiebigkeit geneigt und vermied es mit ängstlicher Sorgfalt daraus etwa einen Bruch der nachbarlichen Freundschaft entstehen zu lassen. So war um Michaelis 1518 ein mit Holz nach Seeland befrachtetes Schiff, welches den Danziger Bürgern Berndt von Rees, Joachim Schulte, Hans Prignitz und Peter Dobbros gehörte und vom Capitän Cleys Busch geführt wurde, von Schwedischen Ausliegern in der Nähe von Bornholm ohne alle Ursache angehalten und nach Calmar gebracht worden. Der hier befehlende Schwedische Hauptmann Johann Manszon hatte die Mannschaft aus dem Schiffe getrieben und sofort die ganze Takellage, die Geschütze, Lebensmittel, auch das vorgefundene Geld mit Beschlag belegt, das Schiff selbst aber so jämmerlich von einer Klippe zur andern treiben lassen, so dass es zerstossen und mit Wasser gefüllt als ein Wrack dalag. Der grosse Schaden, der den betheiligten Kaufleuten nicht allein durch die Verhinderung des unternommenen Geschäftes, sondern auch aus dem Verlust des Geldes und der Schiffsmannschaft entstand, veranlasste den Rath an den Reichsverweser Sten Sture das dringende Verlangen zu stellen, solche „unleidlichen Anfahrungen und Beschädigungen" der Danziger Schiffe für die Zukunft zu verhindern und den grossen Schaden den Kaufleuten und Rhedern zu ersetzen.[40]) Freilich zeigte sich Sten Sture sogleich bereit, dem Wunsche des Rathes nachzukommen und verlangte die Einreichung des Certificationsbriefes, durch welchen das eingebüsste Schiff und Gut als Danziger Gut bewiesen und taxirt werden sollte. Allein in der That erfolgte Nichts weiter und an eine Entschädigung zu denken war dem Reichsverweser kaum möglich, da die geringen Hülfsmittel des Landes gewiss durch die Rüstungen zum bevorstehenden Kriege genug in Anspruch genommen wurden. Schon gingen die Beschädigten mit dringenden Bitten den Rath an, ihnen in Erwägung solchen schweren Ueberfalls zu gestatten, auch die aus Schweden kommenden Kaufleute anzuhalten und ihre Güter mit Beschlag zu belegen. Eine nochmalige Mahnung an Sten Sture und die Städte Stockholm und Calmar war ebenso erfolglos;[41]) ja die betheiligten Danziger, die ausserdem keine Unkosten, keine Reisen, keine Mühe und Geld sparten, um in Schweden die Restituirung ihres Gutes zu erwirken, hatten vielmehr in Erfahrung gebracht, dass die Schwedischen Ausleger sogar ihr gewaltsames Verfahren zu entschuldigen versucht hätten. „Jener Capitän, so sagten sie, hätte den Befehl gehabt, wenn ihm die Jahreszeit zu spät erschiene oder stürmisches Wetter ihn verhindern sollte, nach Seeland oder Holland zu kommen, alsdann das Holz in Dänemark auszuladen und dort aufstapeln zu lassen, bis es entweder den Holländern dort verkauft oder weiter westwärts verschifft werden könne; ferner habe man einige Säcke mit Hopfen und baares Geld im Schiffe gefunden, welches der Capitän für Häringe in Schonen hätte niederlegen sollen." Solche of Freiheit und Entschuldigungen beeinträchtigenden Entschuldigungen für offenbare Gewaltthätigkeiten konnte der seine Bürger vertretende Rath nicht gelten lassen. Er wiederholte nochmals mit allem Nachdruck seine Bitte um Erstattung des unverschuldet in fremde Gewalt gekommenen Schiffes und Gutes.[42]) „Die Beschädigten hätten von Neuem mit umständlichen Beweisen ihre Unschuld in Gegenwart Schwedischer Unterthanen und ihren grossen Schaden vor dem Rathe dargelegt und wären darauf bestanden, Gleiches mit Gleichem zu vergelten und in Danzig angelangte Schwedische Güter zu ihrer Entschädigung mit Arrest zu belegen. Nur mit Mühe sei es dem Rathe, der stets die gute Nachbarschaft und Freundschaft mit Schweden geachtet habe, gelungen, den Zorn der Bürger zu beschwichtigen. Was aber jene Entschuldigungsgründe beträfe, so könne der Rath diese nicht gelten lassen, denn Danzig stände mit beiden Reichen, sowohl mit Dänemark, als mit Schweden, in christlichem Frieden und nach den alten Privilegien könne Dänemark von allen Städten der deutschen Hanse besucht werden, ohne dass diese gewaltsame Anfahrungen zu fürchten hätten. Sollte daher auch diese Mahnung nutzlos sein, so würde der Rath die Arrestation Schwedischer Güter nicht weiter verhindern." Ob diese Drohung bei dem Reichsverweser die beabsichtigte Wirkung that, da das Kriegswetter von Dänemark aus bereits von Neuem über Schweden zusammenzog, und alte Freundschaft zu erhalten zwang, oder ob die Klage der beschädigten Danziger in dem Blute, das Schwedens Felder tränkte, erstickt ist, darüber geben die Quellen keinen weitern Aufschluss. Eine Beschlagnahme Schwedischer Güter ist wenigstens um diese Zeit in Danzig nicht erfolgt und so beweist diese Episode, wie viel der Stadt bei dem immer gewaltsameren Auftreten Christians an der Freundschaft dieses Landes gelegen war.

Denn nicht allein wurden Danziger Schiffe, die von Westen durch den Sund kamen, angehalten, bis sie in die Bezahlung des erhöhten Zolles gewilligt hatten, sondern Dänische Kriegsschiffe erschienen sogar in der Danziger Bucht und wagten es bei Hela und unmittelbar in der Nähe der Stadt den „wankenden Kaufmann", der diesen Hafen seit alten Zeiten mit Ab- und Zufuhr besuchte, anzugreifen. Ja, so wenig achtete man das neutrale Gebiet der Polnischen Krone, dass die Strassen der Stadt selbst der Schauplatz wilder, tumultuarischer Kämpfe zwischen Dänen und Schweden wurden. Besonders war es der im Dienste

Christians stehende Capitän Joens Matzen oder Jens Mattieszen, der in Danzigs Umgegend sich die grössten Gewaltsamkeiten erlaubte. Dieser war früher im Dienste des Schwedischen Reichsverwesers Sten Sture gewesen, war aber, als dieser ihn im Herbste 1517 nach Danzig geschickt hatte, um etliche Last Osamund (Schwedisches Eisen) und eine Ladung Lachse zu verkaufen, demselben untreu geworden und in die Dienste des Königs von Dänemark übergegangen.⁴³) Jetzt, als der Danziger Rath, um den Frieden der städtischen Gewässer zu erhalten, die Führer der Dänischen Schiffe aufsuchen und ihnen sagen liess, dass es nicht der Wille des befreundeten Königs sein könne, die Lande des Königs von Polen unsicher zu machen, erschien Mattieszen selbst in der Stadt und gelobte mit Hand und Mund, weiterhin auf den städtischen Strömen Niemand zu beschädigen. Kaum war er aber wieder auf offener See, als er dieselben Gewaltsamkeiten gegen fremde und Danziger Kaufleute fortsetzte. Ja er wagte sogar, als Wind und Wetter ihn nöthigten, in den Hafen einzulaufen und in der Stadt Lebensmittel zu kaufen. Der Rath aber bewies auch da noch gegen ihn Schonung und Nachsicht und verfuhr nicht „nach der Schärfe des Rechts", in der festen Zuversicht, der König werde um des Friedens willen jede fernere Gewaltthat desselben verhindern. Erst als einige Schweden, die von Mattieszen trotz des vom Rathe zugesicherten Geleites auf der See Angriffe erfahren hatten, die ihnen angethanene Unbill zu rächen suchten und sich zwischen ihnen und der Dänischen Mannschaft ein tumultuarischer Kampf in den Strassen entspann, schritt der Rath ein, liess die Kämpfenden trennen und gebot, nachdem er beide Parteien auf dem Rathhause zur Verantwortung gezogen hatte, ihnen den Frieden, sicherte sogar dem Dänischen Capitän, der von der Wuth der Beschädigten das Schlimmste zu befürchten hatte, durch sicheres Geleit den Weg vom Rathhause in seine Herberge. Christian aber, an den sich der Rath wegen dieser groben Verletzung des im Frieden stehenden Gebietes klagend wandte, entschuldigte nicht nur das gewaltsame Verfahren seines Ausliegers, sondern fügte seiner Rechtfertigung noch neue Klagen hinzu. Schon zu Anfang des Jahres 1519 beschuldigte er Danziger Kaufleute, seinen Feinden Kriegsmaterial, „gegen de tosage so vnnz von Jw gescheen is". zugeführt zu haben und verlangte vom Rathe, dass er diese Bürger, „(amelicke vnd geborlicke" bestrafe.⁴⁴) Gegen des Rathes Beschwerde aber berief er sich nun auf das an Danzig ergangene Mandat des Königs von Polen, die rebellischen Schweden nicht mit Zufuhr zu unterstützen. „Wenn seine Auslieger Kaufleute, die gegen des Königs Mandat gehandelt hätten, bestraften, so könne weder der König, noch der Rath Missfallen darüber hegen; unbillige Angriffe seiner Auslieger wolle er dagegen seinem Richterspruche unterwerfen. Zu dem sei Jens Mattieszen erbötig, vor seinem Herrn zu Recht zu stehen und könne sein Verfahren auch die gewaltsamen Angriffe der Schweden, die vom Danziger Rathe unbestraft geblieben seien, rechtfertigen." ⁴⁵)

Die Beschuldigung des Königs, dass Danziger Bürger und Kaufleute gegen das Mandat Sigismunds Waffen, Munition und Waaren den Schweden zugeführt hatten, war nicht aus der Luft gegriffen; der König hatte die Uebertreter selbst mit Namen dem Rathe bezeichnet. Es waren Caspar Schilling, Berndt von Rhesen, Jacob Campen, Heinrich Nyebur und Michel Kagel, von denen die beiden ersten sogar Rathsmitglieder waren. Der durch so bestimmte Anklagen in Verlegenheit gesetzte Rath lud die Bezeichneten vor und hielt ihnen die Verletzung des königlichen Mandates vor. Jene aber läugneten Alles ab und erboten sich zum Beweise ihrer Unschuld ihre Aussagen zu beschwören.⁴⁶) Allein ihre Rechtfertigung erwies sich dennoch als erlogen; denn bald darauf wurden ihre Schiffe in den Schwedischen Scheeren von Dänischen Ausliegern angehalten und aus den Aussagen der gefangenen Mannschaft zeigte es sich klar und deutlich, dass jene Rathsmitglieder und Bürger wirklich die Befrachter der Schiffe gewesen waren.⁴⁷) Ob sie nach des Königs Verlangen zur Strafe gezogen wurden, ist zu bezweifeln, da zwei der Betheiligten Jasper Schilling und Heinrich Nyebur bald in einen andern Handel, der neue Klagen von Dänemark aus veranlasste, verwickelt waren. Sten Sture hatte nämlich bei dem letztern den Bau eines Kriegsschiffes auf seine Rechnung bestellt.[48]) Christians wachsame Späher hatten auch dies in Erfahrung gebracht und dem Könige gemeldet. Auf seine Beschwerde[49]) äusserte aber der Rath sein grosses Befremden darüber, dass der König solchen „lügenhaften" Berichten mehr Glauben schenke, als ihm, „der doch, wie seine Vorfahren, im Schreiben und Sagen stets aufrichtig befunden worden sei. Habe er nicht seinem Wunsche gewillfahrt und eine Warnung wegen des Besuches von Schweden an seine Bürger erlassen? Gegen diese habe auch seines Wissens noch Niemand gehandelt. Obgleich nun in Betreff des vorgehaltenen Schiffsbaues Niemand innerhalb oder ausserhalb des Rathes etwas von jener Bestellung Sten Stures wisse, so habe man dennoch erwogen, woher wohl dieser Argwohn gekommen sei. Allerdings baueten gegenwärtig die genannten Bürger Schiffe und um die Wahrheit zu erfahren, seien sie vor den Rath gefordert. Der Eine habe bekannt, dass sein noch auf dem Stapel stehendes Schiff zu keinem andern Zweck gebaut würde, als um damit westwärts Reisen zu machen; der Andere aber habe eidlich bekräftigt, dass sein schon beladenes Schiff auf Rechnung eines Lübecker Rathsherren gebaut und auch nach Lübeck zu segeln bestimmt sei."[50]) Der König beruhigte sich vorläufig mit dieser Rechtfertigung; aber einige Monate später erfuhr der Rath, dass er wenigstens von Nyebur hintergangen sei. Denn im September 1519 schickte der Schwedische Reichsverweser mehrere mit Schwedischen Waaren beladene Schiffe nach Danzig, für welche er sich sicheres Geleit erbat, und ersuchte den Rath, das bei Nyebur bestellte Schiff ihm verabfolgen zu lassen. „Man möge sich nicht durch des Königs Grimmigkeit irren lassen; jedem feindlichen Angriff desselben auf die ihm befreundete Stadt sei er bereit mit Leib und Gut entgegen zu treten."[51])

Dies Anerbieten der Hülfe würde Danzig vielleicht schon damals zum offenen Bunde mit Schweden und zu einem ebenso entschiedenen Auftreten gegen Christian, wie es Lübeck und die Wendischen Städte bewiesen, veranlasst haben, wenn nicht die Besorgniss vor dem Kriege mit dem Hochmeister den Rath noch abgehalten hätte, die Zahl seiner Feinde zu vermehren. Denn je eifriger seit dem Sommer (1519) die Rüstungen gegen Schweden vom Könige betrieben wurden, desto rücksichtsloser und unerträglicher wurden auch seine Gewaltthätigkeiten gegen die Hanse. Nicht nur erlitten die westwärts gerichteten Fahrten der Danziger Schiffe dadurch Aufenthalt, dass sie nach dem ausserhalb des Fahrwassers liegenden Hafen von Kopenhagen zur Verzollung ihren Curs richten mussten, sondern der Zoll selbst wurde auch willkührlich erhöht und Dänische Amtleute verlangten noch für sich eine besondere Abgabe an Geld, Wein, Salz oder andern Waaren. Ja noch mehr, die Schiffe selbst wurden ihrer Geschütze beraubt und die Mannschaft gezwungen, in die Dienste des Königs zu treten und seine Söldnerschaaren nach Schweden überzusetzen.[52]) Als die Klagen der so in der Segellation gestörten Bürger heftige Beschwerden des Rathes veranlassten, antwortete Christian trotzig und kurz, dass er auf diese Klagen nicht eher eingehen werde, als bis die mit Schweden Handel treibenden Bürger bestraft und ihm Beachtung seines erlassenen Verbotes zugesagt sein würde.[53]) Zugleich verlangte er die Arrestirung zweier Danziger Englandfahrer, Urban Szum und Caspar Ewardt, die durch falsche Angabe ihrer Fracht der Bezahlung des festgesetzten Zolles sich entzogen hätten, und eines Schiffers, der gegen seinen Eid nicht nach Danzig, sondern nach Reval, wo stets ein bedeutender Schmuggelhandel nach Schweden getrieben wurde, gesegelt wäre.[54]) Dennoch versuchte er im October noch einmal Danzig für seine Pläne zu gewinnen: „der Rath selbst sollte die Schweden zur Unterwerfung unter das Dänische Regiment auffordern, und, wenn sie dem nicht nachkommen wollten, ihnen das freie Geleit in Danzigs Hafen und auf seinem Gebiete zu Lande und zu Wasser aufkündigen, bis sie zur Unterwerfung gezwungen sein würden. Würde der Rath gemäss des alten mit seinem Vater beschlossenen Bestandes während des nun beschlossenen Krieges sich so gegen die Schweden zeigen, so sei er auch bereit zu dem Versprechen, den Bürgern der Stadt alle alten Privilegien, Gerechtigkeiten und Freiheiten aufrecht zu erhalten und sie mit keinen neuen Zollauflagen zu belasten. Geschähe das aber nicht, liesse Danzig die Schweden in ihrem trotzigen Sinn und Willen beharren, so würde er auch die Stadt als seine Feindin ansehen und ihren Bürgern nicht nur sein Reich und den Sund verschliessen, sondern gegen sie noch andere Massregeln ergreifen. [35])

Obgleich dieser drohende Brief in Danzig zu einer Zeit anlangte, da man bereits mit der Rüstung zum bevorstehenden Kriege mit dem Hochmeister vollauf beschäftigt war, so lag es dennoch dem Rathe fern, sich solchen Drohungen gegenüber muthlos zu zeigen und die einmal angenommenen Grundsätze wegen der Schwedischen Segellation zu verläugnen. Denn man war sowohl darüber genau unterrichtet, dass auch der Hochmeister, der alle versuchten Unterhandlungen zurückgewiesen hatte, seine hauptsächliche Stütze an Christian fand, als auch hegte man die begründete Besorgniss, dass Nachgiebigkeit gegen die Gewaltsamkeit des Königs diesen nur zu neuen Unterdrückungen der hansischen Freiheiten führen würde. Schon hatten bereits die Polen den Krieg mit der Einnahme der Stadt Soldau und anderer Schlösser eröffnet, der Hochmeister auf der andern Seite am 1. Januar 1820 Braunsberg überrumpelt, als der Rath am 26. Januar seine bestimmte Antwort an Christian und die Stände des Dänischen Reiches abgehen liess. „Nur durch Missgünner, die alles Gute in das Gegentheil verkehrten, könne der König zu solchen Drohungen verleitet sein, welche zur vollständigen Auflösung des gegenseitig zugesagten und seit lange bestehenden Friedens führen müssten. In Betreff Schwedens sei der Rath seinen gegebenen Zusagen durch die an seine Bürger erlassene Warnung nachgekommen und habe in allen seinem Thun Zucht und Ehre festgehalten; das könne er gegen Hoch und Niedrig verantworten. Mehr aber zu thun und den Schweden den Hafen, der jeder befreundeten Nation offen stehe, zu verschliessen und gegen sie feindlich zu verfahren, das käme dem Rathe nicht zu. Möchte daher der König die alten Privilegien und Gerechtigkeiten aufrecht erhalten und den gegen alles Recht beschädigten Bürgern Entschädigung gewähren, oder, wie er gedroht, die Häfen und Ströme seines Reiches verschliessen, — in keinem Falle könne Danzig gezwungen werden, wider Willen gegen den Feind Dänemarks dem Könige zu dienen." Dieser ernsten Zurückweisung wurde noch hinzugefügt die Anzeige, dass der Krieg mit dem ihm befreundeten Hochmeister begonnen habe, und die Warnung, seine Länder mit keinerlei Ab- und Zufuhr von Dänischen Unterthanen besuchen zu lassen. [36])

So ehrenvoll diese Festigkeit des Rathes dem gewaltsamen Auftreten des Königs gegenüber war, so nahmen dennoch bald die Angelegenheiten in Schweden für diesen eine so glückliche Wendung, dass die Dänische Uebermacht auch der ganzen Hanse verderblich werden zu können schien. Schon im Sommer 1519 liess Christian das Schwedische Gebiet von Neuem angreifen. Diesmal hatte er, wie Sten Sture selbst dem Danziger Rath berichtete, [37]) sein Kriegsvolk nach Oeland geschickt und unter Brennen und Rauben das Schloss Borgholm daselbst angegriffen. Ehe noch der Reichsverweser herbeieilen konnte, hatte der Vertheidiger desselben, ein untreuer Verräther, es übergeben. Zugleich griffen auch die dem Könige zu Hülfe geschickten Franzosen unter wildem Rauben das feste Calmar an. Zweimal wurden sie zurückgeschlagen und als Sten Sture Nachricht erhielt, dass eine starke Anzahl Reiter in der Nähe von Calmar lagerte, machte er sich in der Nacht mit seinem Volk auf und zog ihnen „auf ein halb Viertel Weges" entgegen. Am folgenden Morgen (8. September) schlug er sie in die Flucht. Die Flüchtigen wurden noch drei Meilen Wegs bis nach Bleechen (?) verfolgt und von den vielen edlen Rittern und ihren Knechten entkamen nur wenige über die Grenze in das Dänische Gebiet, der grösste Theil wurde erschlagen oder gefangen genommen. Zugleich wurden bei der heftigen Verfolgung königliche Briefe bei den Gefangenen gefunden, aus denen hervorging, dass Junker Symon als oberster Hauptmann vom Könige eingesetzt und ihm Befehle gegeben worden waren, welche die ganze Grausamkeit und Blutgier des Königs deutlich erkennen liessen. So der Bericht des Schwedischen Reichsverwesers. Trotz des glücklichen Erfolges seiner Vertheidigung versuchte er dennoch nochmals, mit Christian zu unterhandeln, in der richtigen Schätzung der geringen Hülfsquellen des Landes. „Wenn der König, schrieb er ihm, ein gnädiger Herr sein wolle, möge er anders mit dem Lande verfahren; um Blutvergiessen zu vermeiden, sei er und der Reichsrath bereit, sich zu andern Punkten, als den zu Malmoe festgesetzten zu verstehen." Neue Rüstungen waren Christians Antwort. Dieser Starrsinn veranlasste Sten Sture, direkt mit Sigismund, dem Könige von Polen, und dem Danziger Rathe Verbindungen anzuknüpfen, um diese zu einem festen Bündnisse gegen den gemeinsamen Feind zu gewinnen. Am 2. Januar 1520 schickte er daher den Domdechanten von Westeraes, Petrus Jacoby, nach Danzig, um das Bündniss, welches schon Suante Nilsson Sture, sein Vater, bei dem Könige Alexander von Polen nachgesucht habe, zu Stande zu bringen. Freilich hatte nach seines Vaters Tode die Kriegsgefahr jede Bemühung um auswärtige Hülfe vereitelt. Aber kurz vor Weihnachten (1519) hatte Niclas Sturtz (er wird des Königs von Polen Hafendiener genannt und betheiligte sich später lebhaft daran, den Schweden Hülfe zu bringen) ihm von Neuem durch Briefe zum Abschluss des Bündnisses gerathen, da auch Sigismund dazu geneigt wäre. In der That begünstigte die politische Lage der nordischen Reiche diese Verbindung; war doch der Russen Fürst Wasilji Jwanowitsch, der in stetem Kampfe mit Sigismund lag, als Nachbar Schwedens von seinem Verbündeten Christian auch gegen dieses Reich aufgereizt und stand doch der Hochmeister ebenfalls mit diesem Fürsten im Bunde gegen Polen. Gelangte Christian zur Herrschaft in Schweden, so hatte die Hanse Alles von dem Bunde dieser Fürsten zu fürchten. Solche Gründe waren es, die Sten Sture bei dem Könige Polens und dem Danziger Rathe geltend machte.[58]) Vielleicht hätten sie ihre Wirkung nicht verfehlt; aber schon nach einem Monate war der tapfere Sten Sture im Kampfe für sein Vaterland gefallen. Im Januar 1520 war der Dänische Feldherr Otto Krumpe von Neuem in Schweden eingebrochen; auf dem Eise des Sees Asunden bei Bogesund in Westgothland erlag das Schwedische Heer, weil sein tapferer Führer gleich am Anfange des Kampfes tödtlich verwundet wurde. Seine letzten Kräfte anstrengend, eilte der „edelste und ritterlichste" der Sturen im Schlitten zur Vertheidigung Stockholms, unterweges aber hauchte er auf dem Eise des Mälarsees seine Heldenseele aus (3. Februar 1520).

Der Mangel an Einheit in der Vertheidigung des Schwedischen Reiches war die nächste Folge von Sten Stures Tod und liess den König bald noch grössere Erfolge erringen. Am 7. März schloss in Upsala der Herrentag mit dem Dänischen Feldherrn einen Vertrag, nach welchem Christian gegen das Versprechen einer allgemeinen Amnestie und der Achtung der Schwedischen Gesetze als König anerkannt wurde. Nur das wohl befestigte Stockholm leistete noch Widerstand, denn hier hielt die heldenmüthige Christina Gyllenstierna, Sten Stures Wittwe, den Muth der Bürger aufrecht, den Vertrag des Adels stolz zurückweisend. Auf die Hülfe der Hansestädte und das Bündniss mit Polen setzte sie ihre ganze Hoffnung. Um dieses zu erreichen, schickte sie, dem letzten Willen ihres Gemahls gehorsam, den tapfern Steffen Sasse, einen Holsteiner, der ihr auf eigene Hand aus allen Ostseestädten Unterstützung zuführte, an Lübeck, Danzig und den König von Polen.[59]) „Wenn auch der Feind im Lande wilden Uebermuth ausübe, schreibt sie, so wären doch ihre Unterthanen, wenn sie nur erst einen Führer hätten, mit Leib und Gut ihr beizustehen erbötig. Wegen der Unmündigkeit ihrer Kinder stände sie selbst dem Reiche vor und bleibe dem letzten Willen ihres Gemahls getreu, wenn sie verspreche, die zum Reiche gehörigen Städte zum Besten des Königs von Polen und der Hansestädte, die ja Alles von dem Siege Christians zu fürchten hätten, zu erhalten." In gleichem Sinne schrieb auch der Rath von Stockholm im Namen seiner Mitbürger, sie wollten die Stadt halten, so lange ein Mann darin stehen könne, wenn sie nur Hülfe von Polen oder den Städten erwarten dürften.[60]) Aber vergebens waren Bitten und Anerbietungen; Christian sollte erst den Gipfel seiner Macht erreichen, um desto schmählicheren Sturz zu erleiden. Denn von Danzig erheischte der Krieg mit dem Hochmeister nicht nur grosse Geldopfer — die Unterhaltung der Orlogschiffe allein kostete monatlich die Summe von 6000 Mark — sondern auch bedeutende kriegerische Rüstungen, als dass es mitten im Kampfe noch an eine überseeische Unternehmung hätte denken können.[61]) Lübeck aber, welches nicht weniger Unbill und Gewaltsamkeiten von Christian erduldet hatte und am ehesten in der Verfassung war, schon damals sein Interesse mit dem Schwedens zu verbinden, schien aus übertriebener Friedensliebe den vollständigen Bruch mit Dänemark vermeiden zu wollen. Das Verlangen Christians, die Schwedische Segellation einzustellen, welches durch die Mahnungen des Burgundischen Hofes, der Churfürsten von Sachsen, Brandenburg und Mainz unterstützt worden war, hatten auch die Wendischen Städte nie ernstlich beachtet. Darum hatte Lübeck, das Haupt derselben, schon im Herbst 1518 in Danzig anfragen lassen, welcher Beisteuer sich eine Stadt von der andern im Falle der Noth zu versehen habe, und Danzig hatte die Zahlung von 4000 Rheinischen Goldgulden zugesagt, wenn ihm nicht selbst Krieg drohe.[62]) Dennoch waren die Verwicklungen mit dem Könige, der jede Nichtbeachtung seiner Wünsche mit vielfachen Kapereien rächte, durch die Vermittlung des Herzogs Friedrich von Schleswig-Holstein beigelegt worden.[63]) Als freilich in Folge des neuen Ausfuhrzolles von zwei Gulden auf die Last der Wendische Städtetag (Octbr. 1519) beschlossen hatte, den Handel mit Dänemark abzubrechen, welchem Beschluss auch Danzig in Betreff der Ausfuhr von Lebensmitteln nachzukommen sich anheischig machte,[64]) schien Lübecks Nachgiebigkeit am Ende zu sein. Im Namen der Wendischen Städte wandte es sich nochmals wegen der Dänischen Uebergriffe an Danzig und suchte dasselbe zum gemeinschaftlichen Handeln anzuspornen.[65]) Allein diesmal liess der Danziger Rath auf die Antwort lange warten; er gab den Rathsgesandten bei dem Könige von Polen, Eberhard Ferber und Philipp Bischoff, den Befehl, Sigismunds Stimmung zu erforschen und erst, als diese berichtet hatten, dass der König diese Angelegenheiten in weitern Bedacht zu nehmen wünsche und dass es daher nöthig wäre, sich mit der Antwort an die Wendischen Städte wohl vorzusehen, damit darin nicht zu viel, auch nicht zu wenig geschehe, antwortete der Rath, dass Danzig die schweren Verletzungen der hansischen Freiheiten nicht mit geduldigem Schweigen zu übersehen gedächte und bereit sei, zur Erhaltung der alten Gerechtigkeiten für das allgemeine Beste das Seinige beizutragen. Daher schlüge er eine Tagefahrt nach Colberg vor, da er wegen des Krieges mit dem Hochmeister seine Boten in entferntere Städte nicht schicken könne.[66]) Damit war die Gemeinsamkeit des Handelns auf unbestimmte Zeit verschoben.

Mittlerweile hatte auch Sigismund auf Ansuchen der Rathsgesandten von Christian eine Erklärung wegen der gegen Danziger Bürger begangenen Gewaltthätigkeiten gefordert und seine Gesinnung in Betreff des Krieges erforscht.[67]) Christians heuchlerische Antwort, welche von Sigismund dem Rathe in Abschrift mitgetheilt wurde, enthielt eine Gegenklage über diejenigen Bürger, welche den Schweden gegen das Verbot des Königs von Polen Lebensmittel zugeführt hätten. „Sein angebliches Unrecht bestehe darin, dass er von allen Deutschen in Dänemark zur Unterstützung für den Schwedischen Krieg 2 Goldgulden von jeder Last Ausfuhrzoll erhoben habe. Wenn man aber seine Verdienste um Danzig erwäge, als er es in dem von Lübeck angefochtenen Besitz seiner Vitte geschützt und seine im Schiffbruch verlorenen Güter zu bergen befohlen habe, so seien die vorgebrachten Klagen nicht des Anhörens werth. Vielmehr hoffe er von dem Könige Bestrafung jener Rathsherren und Bürger, die trotz der Zusagen des Rathes, die Schweden mit Waffen und Munition unterstützt hätten. Im Uebrigen bedauere er den mit dem Hochmeister begonnenen

Krieg und sei bereit den Frieden zu vermitteln, da es ihm geeigneter schiene, gegen die Türken aut alios schismaticos, als gegen einen christlichen Fürsten die Waffen zu ergreifen."⁶⁸) Heuchlerisch war diese Antwort, denn schon war es bekannt, dass der Hochmeister durch seine Gesandten, Dobritz und Dietrich von Schomberg, direct den König zur Hülfe aufgefordert hatte und einige Monate später erfuhr man, dass diese Aufforderung nicht ohne Wirkung geblieben war.⁶⁹) Heuchlerisch waren Christians Worte, denn einen Tag vor der Absendung des Briefes an Sigismund hatte er an dieselben Rathsherren und Bürger Danzigs, deren Bestrafung er so energisch gefordert hatte, ein Schreiben gesendet, durch welches er sie, die so lange seine Widersacher und Schwedens Unterstützer gewesen wären, aufforderte, seine Flotte, mit der er in eigener Person nach Schweden zu gehen gesonnen sei, durch Proviantschiffe zu unterstützen. Wenn sie mit ihrer Zufuhr von Proviant, Tuch, Hopfen und Salz acht Tage vor Ostern in Gothland sein würden, und von nun an so getreulich zu ihm halten wollten, wie sie es mit seinen Gegnern gehalten hätten, verspräche er ihnen nicht nur sicheres Geleit und Vergessen ihrer feindlichen Handlungen, sondern ausser baarer Bezahlung auch Ehre und grosse Güter.⁷⁰)

Wenn aber auch diese schwankende und unzuverlässige Gesinnung dem Danziger Rathe bekannt war, so schien es doch nothwendig, wegen der vorgeworfenen Undankbarkeit und der Uebertretung des Verbotes der Schwedischen Segellation sich bei Sigismund zu verantworten. „Die Klagen Christians über Danzig seien nichts Neues, auch bei andern Fürsten, zu denen die Stadt in friedlicher Beziehung stehe, wären sie erhoben, wie bei Margaretha, der Burgundischen Statthalterin, welche sich berufend auf die über die Schweden verhängte Kaiserliche Reichsacht die Einstellung der Schwedischen Segellation auf Christians Antrieb gefordert habe.⁷¹) Allein solche Klagen entbehrten jedes Grundes. Denn des Rathes Briefe und die Königlichen Gesandten gegebenen Antworten müssten beweisen, dass alle dem Könige gegebenen Versprechungen auch gehalten wären. Ja der Rath habe durch die bereitwilligsten Dienste (humillimis obsequiis nostris) des Königs Zuneigung zu gewinnen gehofft, aber leider zu seinem und seiner Bürger Schaden erfahren müssen, wie Christian Güte und Wohlwollen vergolten habe. Aus welchem Grunde könne er Danzig zwingen, seinetwegen gegen ein Reich feindselig zu verfahren, mit welchem es bis jetzt nur in Frieden gelebt habe? Auch Sigismund könnte nimmermehr wünschen, dass Christian mit Danzigs Hülfe Reiche unterwerfe, von denen alsdann auch das Polnische Reich Feindseligkeiten erwarten müsse. Zudem sei ja durch die vom Rathe erlassene Warnung, durch welche er jede Vertretung der bei der Schwedischen Segellation beschädigten Bürger zurückgewiesen habe, den Wünschen Christians Genüge geleistet. Der Rath habe dem Könige und dem Dänischen Reichsrath seine Grundsätze und Beschlüsse über den Verkehr mit Schweden entwickelt; aber obgleich er durch den mit der Uebergabe der Briefe beauftragten Gesandten versichert sei, dass sie zur Kenntniss des Königs gekommen seien, habe dieser dennoch nichts darauf Bezügliches geantwortet, statt dessen nach einer prahlerischen Erwähnung seines über die Schweden errungenen Sieges, von dem man in Danzig ganz anders unterrichtet sei, reichliche Zufuhr für seine zum neuen Feldzuge gerüstete Flotte gegen das Versprechen guter Bezahlung aus Schwedischer Waare gefordert. Daraus könne Sigismund die wahre Gesinnung und die Absicht des Königs erkennen, nach der Unterwerfung der Schweden mit seiner ganzen Flotte und seinem ganzen Heere dem deutschen Orden zu Hülfe zu ziehen. In Dänemark selbst wenigstens, so berichte der Gesandte, spräche man davon, wie von einer bereits fest beschlossenen Sache. Doch möge diese Nachricht nicht den Muth des Königs erschüttern, denn wenn auch der gegenwärtige Krieg schwere Geldopfer erfordere, so habe doch Danzig, bereit jeden Zuzug über See zu verhindern, eine wohlgerüstete Flotte von 25 grösseren und kleineren Schiffen zur Wache in See geschickt."⁷²)

Wie richtig Danzig die Politik Christians erkannt hatte, das lag bald klar vor aller Augen. Denn seine und des Hochmeisters dringende Bemühungen um die Hülfe der deutschen Fürsten hatten bald bei einigen derselben glücklichen Erfolg gehabt. Als Christian gegen das Ende des Aprils (1520) in Copenhagen sich eingeschifft hatte, [73]) um selbst die Leitung des Krieges gegen Schweden zu übernehmen, hatte Joachim I. von Brandenburg und Herzog Albrecht von Mecklenburg Schaaren von Söldnern bei dem Mecklenburgischen Flecken Plau gesammelt, welche von Warnemünde aus in die Lande des Hochmeisters über See gebracht werden sollten. Diese wilde, undisciplinirte Rotte von Landsknechten, von denen jeder 2 Rhein. Goldgulden auf die Hand bekommen hatte, führten die Hauptleute Sigismund von Siechen und Hans von Hele, ein einäugiger Böhme, dessen Geschicklichkeit im Reden und Handeln gerühmt wird. Der Zug dieser wilden, widerspenstigen Gesellen durch das Mecklenburgische Gebiet machte dem Herzog Albrecht nicht geringe Schwierigkeiten. Denn bis zur Stadt Güstrow geleitete er sie in eigener Person und von hier aus übernahm Georg von Stein, „ein Schweizer, von Lindau am Bodensee gebürtig," der bei dem Herzog in grossen Ehren stand, die weitere Führung, die nothwendig schien, damit ihr oft versuchtes Auseinanderlaufen verhindert würde. So zogen sie (24. April) bei Rostock vorbei, um sich in Warnemünde einschiffen zu lassen. Zwei deutsche Ordensritter waren drei Tage früher im Hafen erschienen, um die nöthige Anzahl von Schiffen zur Ueberfahrt auszurüsten. Sie boten jedem der Schiffer 35 rhein. Goldgulden, wenn sie die Truppen zuerst nach Dänemark und von da nach Preussen übersetzen würden. Denn Christian war auch bei dieser dem Hochmeister zugedachten Hülfe nicht uneigennützig und beabsichtigte nichts anders, als diese Knechte zuerst 2 Monate für seine Schwedische Unternehmung zu gebrauchen. Allein dem widersetzten sich dieselben; denn als sie von diesem Plane hörten, erzwangen sie von ihren Rottmeistern einen schriftlichen Revers, durch welchen sich diese verpflichten mussten, sie nicht in den Dienst des Königs, sondern sobald als möglich nach Preussen zu führen. Nichtsdestoweniger mussten sie erst nach Copenhagen hinübergeschafft werden, denn hier lagen die wohlgerüsteten Transportschiffe, deren man bedurfte, um sie vor den wachsamen Danziger Orlogschiffen zu sichern. Die Dänische Flotille bestand aus 11 wohlgerüsteten Schiffen; 6 Orlogschiffe hatte sich Christian durch seine politischen Verbindungen aus Amsterdam und Antwerpen verschafft, weshalb auch den Holländern für diese Zeit der Besuch des Danziger Hafens untersagt war. Nach einem Gerüchte waren diese Holländischen Schiffe durch das Handelshaus der Fuggers („Vockers") unter der Bedingung ausgerüstet, dass der König, wenn er Schweden erobert hätte, diesem Hause die Gewinnung des Kupfers in Schweden gestatten sollte. Frau Sigbrit selbst wählte in Abwesenheit des Königs die 4 besten Schiffe aus und fügte noch andere sonst zu Salzladungen bestimmte hinzu. Um mit den Danziger Ausliegern nicht zusammenzustossen, war der Plan, diese Truppen auf einem Umwege über See zu führen und in Liefland auszuschiffen, von wo sie sich durch Samogitien nach Preussen durchschlagen sollten. [74]) Eine zweite Ansammlung von 800 Söldnern zur Hülfe des Hochmeisters fand im Sommer desselben Jahres nochmals bei Rostock statt. George Zimmermann, der Gesandte Danzigs am Polnischen Hofe, der darüber berichtete, [75]) rieth sofort einige Schiffe nach Pernau oder nach dem Hafen von Rostock abzusenden, um diese Schaaren zu überwältigen, ehe sie an den Ort ihrer Bestimmung gelangten. Hätte sich der Rath zu so energischem Auftreten entschliessen können, so wäre des Hochmeisters Macht leichter zu brechen gewesen. Denn obgleich Danzig theils durch eigene Späher, theils durch befreundete hansische Städte über alle im Auslande gesponnenen Pläne sichere Kunde erhielt, obgleich es selbst voll Muth den König von Polen zu vereinter Kraftanstrengung anspornte, [76]) so entging dennoch gleich der erste Transport von Hülfstruppen der Wachsamkeit seiner Orlogschiffe. Nur so gut gelang also der Plan der Sigbritt, die Truppen langten auf dem angegebenen Wege am 13. Juni in Königsberg an. [77]) Der Hochmeister, gekräftigt durch diese Hülfe, brach alle bereits begonnenen Friedensunterhandlungen ab, ja bedrohte sogar das befestigte Danzig mit einer Belagerung (5. bis 10. Novbr.), und würde vielleicht noch grössere Erfolge erreicht haben, wenn nicht Mangel an Sold die zahlreich genug herbeigeströmten Knechte veranlasst hätte auseinanderzulaufen, so dass er sich entschloss einen vierjährigen Waffenstillstand zu schliessen. (7. April 1521).

Während so Christians Pläne in Betreff der dem Hochmeister zugesagten Hülfe glücklichen Erfolg hatten, waren seine Unternehmungen gegen Schweden noch mehr vom Glücke begünstigt. Dazu trug nicht wenig die friedliebende Gesinnung Lübecks bei, welches nicht allein die Wendischen Städte, sondern sogar Danzig in seine Friedenspolitik mit hineinzog, obgleich dieses nach den eben erwähnten Umständen schon jetzt alle Ursache hatte, feindlich gegen Dänemark aufzutreten. Freilich schienen die Städte anfangs zu energischerem Auftreten gegen Dänemark entschlossen, denn auf einer im März 1520 abgehaltenen Tagfahrt zu Stralsund, welche Lübeck, Hamburg, Lüneburg, Rostock, Wismar, Stettin und Greifswalde, auch Danzig durch seine Rathsherren Heinrich Wysze und Reynoldt Feldtstede beschickten, erkannte man aus den von Christian eingegangenen Briefen, wie unzuverlässig seine Gesinnung gegen die Hanse wäre und alle erklärten sich zu gemeinsamen Maassregeln gegen etwaige Dänische Angriffe bereit.[78]) Allein Herzog Friedrich von Schleswig-Holstein, der seine schwierige Stellung zwischen den beiden streitenden Parteien nur zu gut erkannte, suchte auf jede Weise den offenen Bruch zu verhindern. Nach langen Unterhandlungen gelang es ihm endlich auch Christian, der jede Verbindung der Städte mit dem Schwedischen Reiche unmöglich zu machen wünschte, zu Concessionen zu bestimmen und so einen Vertrag zu Segeberg zu vermitteln. (13. Mai 1520). Danzig beschickte freilich diese Zusammenkunft nicht, da es zu sehr mit den eigenen Kriegshändeln beschäftigt war; doch erklärte es sich bereit, den dortigen Verhandlungen beizutreten, soweit es ihm nützlich schiene.[79]) Durch diesen Vertrag verpflichteten sich die Städte bis Ostern des nächsten Jahres den Schweden keine Zufuhr zu leisten, doch nur unter der Bedingung, dass, wenn einzelne Kaufleute das Verbot übertreten sollten, alsdann „der Unschuldige nicht den Schuldigen entgelten solle;" im Uebrigen sollte die Segellation in Dänemark, Norwegen, Liefland, Gothland, Preussen und sonst nach Ost und West unbehindert sein. Von Dänischer Seite wurde ausserdem die Aufhebung der an ungewöhnlichen Orten, wie zu Copenhagen, erhobenen Zölle und der zu Falsterbode geforderten Abgabe, sowie die Restituirung der genommenen Schiffe zugestanden.

Ueber diese Wendung der Dinge war auch Danzig erfreut. Für die Bemühungen um die Erhaltung des Friedens sprach es den Wendischen Städten in einem besondern Schreiben seinen Dank und die Hoffnung aus, dass fortan der so lange gestörte Handel und die Wohlfahrt der Städte sich vermehren werde.[80]) Dennoch hegte der Rath schon über die Bestimmungen des „Bestandbriefes" einige Zweifel, über welche er sich von Lübeck eine Erklärung erbat. Wie sollte es mit denjenigen Schweden gehalten werden, welche um diese Zeit Danzigs freie Stadt und Hafen mit ihren Schiffen und Gütern besuchten? „Obwohl von seinen Bürgern keiner wäre, der das Schwedenreich in diesem Sommer zu besuchen gedächte oder es auf seine eigene Gefahr (euenthuer) beabsichtigte, so könne man doch nicht wissen, ob durch den Besuch Danzigs von Schwedischer Seite der angenommene Bestand „verrückt oder zertrennet werde." Welche Meinung in Betreff dieses Einwandes auf Dänischer Seite gehegt würde, ging bald aus einem Ereigniss hervor, welches der Danziger Gesandte Jacob Fürstenberg von Lübeck aus berichtete.[81]) Obgleich nämlich der Segeberger Recess von der Königin Isabella, die während der Abwesenheit ihres Gemahls die Regierung führte, und von 6 Reichsräthen, freilich erst nach einigem Zögern, am 9. Juni bestätigt worden war, so wagte es dennoch Severin Norby mit seinem Kravel in der Nacht vom 11. zum 12. Juni vor Travemünde einen im Lübecker Gebiet liegenden Schweden anzugreifen. Jedenfalls hätte er auch das Schiff genommen, wenn nicht eine Lübische auf der Rhede liegende Barke, die auf jeder Seite mit 8 Hauptstücken wohl gerüstet war, ihn daran verhindert und gegen den Dänen ihre trefflichen Geschütze gerichtet hätte und zwar mit solchem Erfolge, dass wohl 28 Mann auf dem Dänischen Schiffe getödtet wurden. So tapfer und siegreich auch dabei Lübeck die Rechte seines freien Gebietes vertheidigt hatte, so musste dennoch dieses Ereigniss die Bürger in eine höchst gedrückte Stimmung versetzen, da sie wohl denken konnten, dass die Kunde davon Christian bewegen könnte, die Ausführung des Tractates und namentlich die Herausgabe der früher genommenen Schiffe zu verweigern. Dieselbe misstrauische Stimmung herrschte auch in Danzig. Als Schwedische Schiffer in seinem Hafen erschienen waren, um allerlei Zeug und 10 Last Korn aufzukaufen, zugleich auch Bootsleute zu bedingen, was nach dem Wortlaute des Tractates ihnen gewährt werden konnte, glaubte man erst bei dem Könige von Polen um die besondere Erlaubniss dazu nachsuchen zu müssen und beauftragte die damaligen Gesandten bei dem Polnischen Hofe, Eberhard Ferber und Ulrich Huxer, diese Angelegenheit vorzutragen. Allein der umsichtige Bürgermeister Danzigs, Eberhard Ferber, hielt es für gerathener, dem Könige Sigismund Nichts davon mitzutheilen, denn, schreibt er, es liesse sich voraussehen, dass der König, eingedenk der von Dänemark dem Hochmeister geleisteten Hülfe, die Bitte der Schweden gewähren würde. Würde aber dadurch nicht Christian gegen Danzig, welches der Ströme seines Reiches nicht entbehren könne, mehr und mehr erbittert werden?[82]) Er hatte Recht gehabt, denn als die Gesandten nach einiger Zeit des Königs Gesinnung erforschten, ertheilte er wirklich die nachgesuchte Erlaubniss.[83]) Zugleich hatte der Rath, voll Misstrauen gegen Christian, den König Sigismund ersuchen lassen, dass er selbst brieflich bei jenem anfragen möchte, ob dem Danziger Kaufmann der Handel zu Wasser und zu Lande in Dänemark nach den alten Rechten und Freiheiten gestattet sei. Sigismund, erzürnt über die gegen ihn bewiesene feindliche Gesinnung des Dänischen Königs, kam diesem Wunsche sogleich nach und erliess ein energisches Schreiben, welches durch einen besondern Gesandten des Rathes überreicht werden sollte. „Gemäss der alten Bündnisse, die zwischen Polen und Dänemark seit lange beständen, fordere er Christian auf zu erklären, ob er fernerhin das Bündniss bewahren wolle. Freilich habe er ihm geschrieben, dass er bei der hartnäckigen Feindseligkeit des Hochmeisters keineswegs die von den Vorfahren ererbte Freundschaft abzulegen gesonnen sei; um so mehr aber habe sich Sigismund über die dem Hochmeister geleistete Hülfe zu beschweren, welche das alte Bündniss so offen verletze. Er verlange daher eine bestimmte Antwort, welche Gesinnung er ferner gegen ihn und gegen die in ihren Privilegien so oft gekränkten Danziger zeigen wolle."[84]) Der Rath war aber damals selbst jeder bestimmten Entscheidung so abgeneigt, dass er diesen Brief des Königs längere Zeit zurückhielt und mit der schwankenden Unbestimmtheit der politischen Lage sich zufrieden stellte. Erst später wurde dieser Brief durch einen Gesandten aus dem Rathe dem Könige Christian nach Schweden nachgeschickt. Was dieser darauf durch denselben Boten geantwortet, ist nie bekannt geworden; denn auf der Rückkehr wurde derselbe mit seinen 24 Begleitern angeblich von Seeräubern überfallen und ins Meer geworfen. Doch war man in Danzig überzeugt, dass diese Ermordung nur Christians Werk gewesen sei.[85])

Natürlich gewann auf diese Weise Christian Zeit und Kraft, um die Unterwerfung Schwedens mit allen ihm zu Gebote stehenden Mitteln zu vollenden. Bald wurden seine Unternehmungen vom besten Erfolge gekrönt. Freilich hatte noch vor seiner Ankunft in Schweden das Königliche Heer durch das dem Dänischen Joche trotzig widerstrebende Bauernvolk bei Balundsas, eine halbe Meile östlich von Westeras, (29. März 1520) einen grossen Verlust erlitten. Noch jetzt heisst jene Stelle Jutekärret oder Jutensumpf.[86]) Die Nachricht von diesem Siege, welche Sten Stures Wittwe und der Rath von Stockholm in der Hoffnung Hülfe zu gewinnen, den Danzigern mittheilten, langte am 5. Mai in der Stadt an und der Rath beeilte sich sogleich, die Siegesfreude auch den König von Polen mit geniessen zu lassen."⁷) „Viertausend Mann darunter 600 Reiter, die aber wegen der Tiefe der im Frühjahr überschwemmten Sümpfe am Kampfe nicht hätten Theil nehmen können, wären auf Dänischer Seite fast alle von den wüthenden Bauern erschlagen worden, so dass nur wenige ihre Heimath wiedersehen würden. Das würde wohl die Kräfte Christians, auf welche der Hochmeister noch immer sein ganzes Vertrauen setze, gebrochen haben." Allein dieser Sieg war der letzte Erfolg der verzweifelnden Vertheidigung gewesen. Dem tapferen Bauernvolk fehlte noch der Führer und am 5. April erlag es der Dänischen Taktik in der blutigen Charfreitagsschlacht. Im Mai erschien Christian selbst mit seiner Flotte vor der wohlbefestigten und von Frau Gyllenstierna tapfer vertheidigten Hauptstadt. Sie musste im Laufe des Sommers erobert werden, oder der König musste an der Unterwerfung Schwedens verzweifeln. Lange wartete man in Danzig auf die Entscheidung des Kampfes. Die im Stillen gehegten Wünsche für den Sieg der Schweden und die geheime Furcht vor Christians Uebermacht erzeugten Gerüchte, die der Stimmung der Gemüther entsprachen. So erzählten Kaufleute, welche aus Schonen vom Heeringsfange zurückkehrten, dass sie unterweges 16 Segel gesehen hätten: es wäre die Flotte des Königs gewesen, die unverrichteter Sache nach Dänemark zurückgekehrt sei, da 3000 seiner Söldner bei der Belagerung Stockholms gefallen seien.⁸⁸) Heftige Stürme hatten die Seewacht der Danziger Orlogschiffe und die Verbindung mit den jenseitigen Küsten der Ostsee gerade da verhindert, als die Entscheidung geschehen war. Nicht dem siegreichen Schwerte, nur den gewinnenden, allgemeines Vergessen verheissenden Worten des Königs war es gelungen, am 3. Septbr. die Vertheidiger der Hauptstadt, welche die lange Unsicherheit und Verwirrung des Reiches zu endigen wünschten, zur Uebergabe zu überreden. Während Sigismund die Nachricht vom Siege der Schweden las, schrieb Christian an den Danziger Rath: „Wir mugen Euch gnediger meynung nicht bergen, wy vnns der Almechtige gnediger Sig vnnd victorien gegunt, Das wir das gantze vnnszer Reich Sveden, das schlos vnnd stadt stockholm mit all der andern stettern vnnd laudvolk zu vnnszen Handen vnnd geburlich gehorsam gebracht vnnd vnns gehuldigt und gesworen haben."⁸⁹) Jene Schonenfahrer hatten also richtig die Dänische Flotte erkannt, aber es war nicht der besiegte, sondern der siegreiche König, der nach Dänemark zurückkehrte, um dort die Früchte seines Ruhmes zu geniessen. Nach wenigen Wochen eilte er wieder nach Schweden, wohl versehen mit den blutigen Rathschlägen der Sigbrit, um sich zum Erbkönig Schwedens krönen zu lassen und sein feierlich gegebenes Wort treulos zu brechen.

Die erste Nachricht von der Unterwerfung Schwedens gelangte im Anfange des October nach Danzig. Frau Gyllenstierna, die nach langem Widerstande in die Uebergabe der Hauptstadt, freilich „wider Willen des gemeinen Mannes", und erst dann gewilligt hatte, als sie sogar dem alten Dänenhasser, den 80jährigen Hemming Gadd, zum Fürsprecher der Dänischen Herrschaft werden sah, hatte die Kunde an den Rath geschrieben und zum alten jetzt ungestörten Handelsverkehr aufgefordert. Was sollte man antworten? Trotz der gedrückten Stimmung ob Christians Macht, trotz der Besorgniss, nun auch den Hochmeister zu kühnern Unternehmungen getrieben zu sehen, musste man noch obenein Freude über die neue Wendung der Dinge erheucheln. „Wir sind gantz hochliche erfreuet, antwortete der Rath, dat Juwe gnade und dat Rycke mit syner kon. Mai. thor sune, eyndracht und gudem frede durch de schickinge des allergeweldigsten Gades gelanget sien und gekamen." Und die Erneuerung des alten Verkehrs betreffend: wohrumbe Juwe Gnade gewisszen, dat alle und Iszlicke Inwonere des Swedenrykes wo vorhen na oldem Gebruke fryheyt ond gewaenheit mit eren schepen, gudern, lyfen vnd Kopmannschapen In unse stadt ere fryheit, strome vnd havenlnge vngehindert kamen, segeln vnd faren mogen vnd mit vnsen borgern Koepluden vnd ynwonern na older wyse und gewaenheit handeln, kopen, vorkopen, Ock vnbelettet weddervmb vnsent halven van hier segeln und yn ere behusynge farenn In gantzer thovorsicht ldt ock weddervmbe vnd yn aller Mate wo den soluigen hier mit vns gunst vnd fruntlicke naberschop ertoget wert, vnsern wankenden kopmann In dem soluigen lovelicken Rycke gutliker wyse werde begegenen vnd wedderfarenn wohrinne wie ock sust behegelicke angenemen willen luwe gn. konen ertogen, Zoll man vns stedes gutwillich sporen vnd fynden." [90]) Doch konnte die Erneuerung dieses Verkehrs nicht ohne den Willen des neuen Beherrschers von Schweden zugesagt werden und daher wurde der Inhalt des von Christina eingegangenen Briefes, sowie des Rathes Antwort dem Könige mitgetheilt. [91]) Allein dies Schreiben traf den König nicht mehr in Copenhagen und wurde ihm von seiner Gemahlin nach Schweden nachgeschickt. Inzwischen traf auch Christians Meldung von der Unterwerfung und der Huldigung der Schwedischen Stände in Danzig ein, und mit ihr zugleich die Drohung, dem flüchtigen Priester Peter Kanzler, der in der Stadt sich aufhalten solle, keinen Vorschub zu leisten. Aber wie Hohn mussten des Königs Worte klingen: er wundere sich, dass nicht auch Danzig, wie die andern Hansestädte, sein Lager in Schweden mit Zufuhr versehen habe, — als Hohn musste seine Aufforderung, den gegenseitigen Verkehr unter sicherm Geleit zu betreiben erscheinen. Denn gleich nach der Eroberung Stockholms waren neue Klagen und Beschwerden von Danziger Kaufleuten eingegangen. Wiederum waren Schiffe und Güter im Sunde mit Beschlag belegt und die Schiffer selbst ins Gefängniss geworfen worden aus dem angeblichen Grunde, weil Dänische Schiffe und Güter im Winter des vergangenen Jahres in Danzig geplündert sein sollten. Solche Beschuldigungen waren ganz ungegründet, man wusste davon in Danzig nichts. Aber was konnte man jetzt, da man noch dazu im eignen Lande den Krieg hatte, gegen den mächtigen, siegreichen König, den Wiederhersteller der nordischen Union, unternehmen? Was konnte der Rath auch nur anders antworten, als die leeren Beschuldigungen, die den Vorwand zu neuen Gewaltthätigkeiten gegeben hatten, zurückweisen, und um die Freilassung der gefangenen Schiffer und beschlagenen Güter demüthig bitten? — „Schon vor 4 Jahren hätte Danzig gewünscht, den Streit zwischen Dänemark und Schweden beigelegt zu sehen; so wären mannigfaltige Aergernisse, die hin und her in der Ostsee sich dieser Zeit zwischen dem wankenden Kaufmann begeben hätten, verhütet worden. Den Priester Peter Cantzeler habe man keineswegs nach Danzig zu kommen eingeladen, und dass Niemand ihm in seinen dem Könige feindlichen Absichten Vorschub geleistet haben beweise seine schnelle Abreise. Dem königlichen Lager Zufuhr zu senden, sei Danzig durch den Krieg mit dem Hochmeister verhindert worden; denn dass es aus bösem Willen unterlassen sei, würde der König wohl nicht glauben, habe Danzig doch sonst in ähnlichem Falle sein Heer reichlich mit Proviant versehen. In Betreff der Erneuerung des so oft gestörten Handels und des sichern Geleites der Kaufleute, wisse wohl der König, dass es die Stadt niemals daran habe fehlen lassen, seinen Unterthanen volle Sicherheit zu gewähren, wie der Rath es auch ferner zu thun bereit sei. Zugleich tröste er sich mit der gnädigen Zusage des Königs, dass von beiden Theilen die alte Communication, Privilegien, Freiheit, Gerechtigkeit, Handel und Sicherheit unterhalten, geübt und gebraucht werde. Dazu sei auch niemals das Geleit des Landesherrn, des Königs von Polen nöthig gewesen. Wenn aber durch solche gegenseitige Zusagen die Sicherheit des Verkehrs garantirt wäre, so möge auch der König die angehaltenen Güter der Danziger Kaufleute auf Schonen, sowie auch ihre Handelsfactoren in Gnaden losgeben und als ein löblicher König Freiheit geniessen lassen." [92]) Noch ehe dieses Schreiben in Kopenhagen eintraf, hatte der König neuen Zwist mit Danzig begonnen. Er verlangte wiederum die Bestrafung derjenigen Bürger, welche gegen das Verbot den Schweden Zufuhr geleistet hatten, und die eines Schiffers, welcher vor Dänischen Zeugen den König einen „Hund" genannt und gesagt haben sollte, er wäre werth, „bei seinen Pforten aufgehängt zu werden"; wenn der Rath nicht seinem Wunsche nachkommen würde, so, drohte er, würde er selbst Mittel und Wege wissen, an jenen die Strafe zu vollziehen.⁹³) Jetzt nachdem er das obige Schreiben vom Rathe erhalten hatte, antwortete er kurz und stolz, ohne auf den wettläufigen Inhalt derselben näher einzugehen und unbekümmert um die im Segeberger Recesse eingegangenen Verpflichtungen: den Danzigern wäre in seinen Reichen nie etwas Unbilliges geschehen, das ihnen nicht „mit gutem Fuge" widerfahren sei; und in Bezug auf die jüngst arrestirten Schiffe und Güter habe er denjenigen, die im Arrest geblieben wären, weiter zu segeln erlaubt; die Schiffe und Güter derjenigen aber, die das Ihrige im Stiche gelassen und aus dem Arrest entlaufen wären, würde er nicht freigeben, denn durch ihre Flucht hätten sie bewiesen, dass sie etwas gegen ihn verbrochen haben müssten.⁹⁴) Ein solcher Bescheid auf so demüthige Bitte liess schliessen, dass der glückliche Erfolg in Schweden den König auch zu neuen und unerwarteten Plänen gegen die Hanse getrieben habe.

So war es auch. Nach der Eroberung Stockholms fühlte Christian die ganze Ueberlegenheit seiner Macht. Als Beherrscher der 3 nordischen Reiche, als Verwandter der mächtigsten Fürsten Europas — er war ein Oheim Jacobs V. von Schottland, ein Neffe des Churfürsten von Sachsen, Friedrich des Weisen, verschwägert einerseits mit dem Churfürsten Joachim von Brandenburg, anderseits mit Carl V., dem Mächtigsten aller Mächtigen — dazu verbündet mit den Herrschern Englands, Frankreichs und Russlands, wurde er zu Unternehmungen verlockt, die in ihrer Kühnheit seiner glänzenden Stellung entsprechen sollten. Schon während des Feldzuges von 1520 hatte er eine Vereinigung der norddeutschen Fürsten, die von jeher die Macht der freien Städte mit scheelen Augen angesehen hatten, eifrig betrieben. Am 1. Juni wurde zu Hannover zwischen ihm und dem Erzbischof von Bremen, dem Administrator von Minden, den Herzögen von Pommern, Braunschweig, Mecklenburg, dem Grafen Johann von Oldenburg, ja auch dem Herzoge Friedrich von Schleswig-Holstein, der bisher stets die Feindseligkeiten zu vermitteln gesucht hatte, ein Bund geschlossen „zur Aufhaltung muthwilliger und gewaltigthätiger Ueberfahrung, wie sie dem Kaiser und der deutschen Nation entgegengehandelt werde und zu gegenseitiger Unterstützung für den Fall eines Angriffs." Aber Wortbruch und tyrannische Grausamkeit bezeichneten von nun an mehr, denn je, die Wege, die er gegen Schweden und die Städte einschlug, bis endlich die Maasslosigkeit seines Gebahrens den Hochmuth zu schimpflichem Falle brachte. Denn während die vornehmsten Männer Schwedens als Opfer seines furchtbaren Blutgerichtes (vom 8. bis 10. Novbr. 1520) unter dem Henkerbeile verbluteten, irrte bereits in den Wäldern Darlekaliens der Rächer und Retter seines Vaterlandes umher, jener edle Jüngling, der „mit Gott und Schwedens Bauernschaft", so war sein Wahlspruch, den Freiheitskampf gegen den wilden Unterdrücker begann. Den geächteten Flüchtling hatte Lübeck, vielleicht die Grösse des Mannes ahnend, geschützt, als die Boten des Tyrannen seine Auslieferung verlangten, und nach seiner Heimath befördert, wo er seine abentheuerliche Laufbahn fortsetzte, die ihn endlich zum schwedischen Throne führte. Welchen Eindruck aber mussten die Nachrichten von Christians tyrannischem Verfahren gegen die Schweden auf die Hansestädte machen? Wessen man sich zu versehen hatte, war bereits offenbar, da er gleich nach der Einnahme Stockholms deutsche Schiffe anhalten, ihre Güter confisciren und ihre Führer ins Gefängniss hatte werfen lassen. Der Rath von Danzig wurde durch die Erfolglosigkeit seiner Bemühungen um die Gunst des Königs vollends in Verlegenheit gesetzt. Jetzt, da im Frühjahr (1521) die Seefahrt nach Westen beginnen sollte, was konnte er seinen handeltreibenden Bürgern rathen? Welche Sicherheit konnte er ihnen für die Durchfahrt durch die Dänischen Gewässer gewähren? Man liess durch den Bürgermeister Eberhard Ferber und den Rathsherrn Curt von Suchten, die als Gesandte während des Krieges mit dem Hochmeister nach Thorn zum König Sigismund deputirt waren, die Aufkündigung des Geleites für jenen Schiffer beantragen, der durch seine Schmähungen den Zorn des Dänischen Königs erregt hatte.⁹⁵) Aber war das genug, um seinen Sinn zu wenden und Sicherheit für die westwärts gerichtete Fahrt zu gewinnen? Man machte die Bürgerschaft mit dem Inhalte seines letzten Briefes bekannt. Freilich verhiess er am Schlusse auch „Gnade und Güte", aber es wäre „eine quade (schlimme) meynunghe", schreibt der Rath an die nach Thorn Deputirten, „zo man sick darto vorlaten muchte." Darum wäre es auch besser, den Schluss des Briefes dem Könige von Polen zu verheimlichen: er möchte für diese seine Lande „so vele myn sorge dragen, dat vor nymant erger alsz vor uns were." Dazu kam die Nachricht, dass Christian mit 200 Knechten und in Begleitung des Scharfrichters nach Gothland gezogen sei, um auch hier die Widerstrebenden zu strafen.⁹⁶) Die Danziger Gesandten gaben den Rath, dass die Schiffer, welche trotz jeder Gefahr nach Westen segeln wollten, es vermeiden möchten, im Sunde von Bord zu gehen und lieber den Zoll ans Land schicken sollten; an Christian aber möchte man ein Mitglied des Rathes oder wenigstens einen Secretär zur Unterhandlung schicken und den König besonders darauf aufmerksam machen, dass Danzig trotz der vielfachen Beleidigungen im Sunde an Dänischen Unterthanen niemals Vergeltung geübt habe.⁹⁷) Dieser Vorschlag konnte aber erst im Sommer ausgeführt werden, als die Nachricht von des Königs Rückkehr von Gothland bekannt geworden war. Der Rathssecretär Ambrosius Sturm wurde zu dieser schwierigen Sendung auserwählt. Am 9. Juli 1521 langte er in Copenhagen an. Aber auch jetzt traf er den König nicht im Lande; vor 4 Wochen war er bereits zu seinem Schwager, dem Kaiser, nach den Niederlanden gereist, um die lange verzögerte Auszahlung der Mitgift Isabellens zu erreichen. Auch auf dieser Reise begleitete ihn noch das Glück; denn in Amsterdam, wo er zuerst gelandet war, hatte er zufällig in der Herberge den flüchtigen Erzbischof von Drontheim, einen Mann aus edlem Dänischen Geschlechte, angetroffen. Derselbe hatte von Norwegen aus verrätherische Briefe nach Schweden geschrieben, die in des Königs Hände gefallen waren, hatte sich aber durch die Flucht der Rache des Königs entzogen und befand sich nun mit vielem Silber und Gold auf dem Wege nach Rom. Gerade als der Danziger Gesandte in Copenhagen anlangte, hatte Christian seine Freude über die Wiedererlangung des ihm entwendeten Geldes seiner Gemahlin mitgetheilt. Ambrosius Sturm ersuchte nun sofort durch Vermittlung des Bürgermeisters von Copenhagen die Königin um eine Audienz oder um die Angabe des Zeitpunktes, wann sie die Rückkehr des Königs erwarte. Die Königin aber wies ihn an Frau Sigbrit („Syborch") „de alle dingk ombe hant heft doen vnd laten ys dat ock de wagesten hier Im lande vnd von wannen se sich dulden vnd lyden mothen." Auf seine Bitte, ihm in seiner Botschaft förderlich zu sein, machte sie in weitläufiger Rede Vorwürfe, dass Danzig dem Könige nicht willfahre, vielmehr manche Bürger sich arge Frevel gegen ihn hätten zu Schulden kommen lassen. Aber ihrem dringenden Wunsche, die eigentliche Botschaft und den Befehl des Rathes zu erfahren, setzte der Gesandte diplomatische Ausreden entgegen, da es ihm vor Allem darum zu thun sein musste, zu erfahren, ob der König mit seiner Reise noch andere Absichten verbunden und diese bei Carl V. erreicht habe. Denn Frau Sigbrit hatte geäussert, der König würde gewiss in einigen Tagen zurückkehren, um die noch immer rebellirenden Schweden zu strafen, „wo Jherusalem vorstoret is." Uebrigens könnten die Schiffer und Kaufleute aus den Städten immerhin, sowie die Unterthanen der kaiserlichen Majestät und Dänemarks Einwohner, zum Verkehr nach diesem Lande kommen, wenn sie nur den in Copenhagen und zu Falsterbo auferlegten Zoll bezahlten, der hier im Sunde 1 Goldgulden für 10 Last Güter und auf Schonen 2 Gulden für die Last Heringe betrage. Als der Gesandte meinte: er wisse nicht, welche Privilegien die Unterthanen des Kaisers im Dänischen Reiche hätten und sich darum zu bekümmern käme ihm auch nicht zu; wohl wisse er aber, dass die deutsche Hanse grosse Freiheiten hätte, die solchen neuen Zollbeschwerden widersprächen, der Rath von Danzig hoffe daher, der König werde seine Kaufleute auch diese Freiheiten geniessen lassen: —

da antwortete Sigbrit: „no myen gnediger herre de dinge beth vorsteit, no deidt he ock anders vnd regeret syne lande als eynen cristliken konige ansteit vnd maket eyn beter ordinantie In synem rike dan touorne gewesen." Also, fährt Ambrosius Sturm in seinem Bericht fort, wäre mit ihr wenig Spass zu machen; ihr würde freilich genug gesagt, doch thäte sie nur, was ihr eben einfiele. Am Schlusse der Unterredung bat er, ihm den Zweifel zu lösen, der in ihrer Rede zu liegen schiene. Sie habe vorhin gesagt, dass die Schiffer und Kaufleute der Städte nicht mehr oder weniger Freiheiten im Dänischen Reiche geniessen sollten, als die Unterthanen des Kaisers oder Christians, und doch habe er mit eigenen Augen gesehen, dass eine ganze Flotte von Holländischen Schiffen in Copenhagen angehalten und ihre Salzladung zu löschen gezwungen wäre. Wenn solches auch seinen Mitbürgern widerfahren sollte, so würde ihnen das unerträglich sein. Es wäre ihm daher von besonderer Wichtigkeit zu erfahren, wonach sich der Rath mit den Seinigen zu richten habe. Sigbrit erwiderte: „sie habe vom Könige keinen Befehl, die Schiffe Danzigs, möchten sie von Osten oder Westen kommen, anzuhalten; sie könnten mit ihren Gütern frei passiren, freilich unter den bereits angegebenen Bedingungen. Wer aber ein mit Salz beladenes Schiff führe, der müsste in diesem Jahre wenigstens bis auf weitern Befehl des Königs in Copenhagen löschen. Auch müssten die Schiffer, die aus dem Arrest im Sunde gesegelt seien, mit dem König einen Vertrag schliessen, wenn sie ungefährdet den Sund wiederum zu passiren gedächten." Ungefähr acht Tage nach dieser Unterredung (18. Juli) erhielt Ambrosius Sturm Audienz bei der Königin und überreichte in Gegenwart des Reichsrathes seine schriftliche Botschaft. Schon nach zwei Tagen wurde ihm die Antwort: „der Inhalt derselben betreffe das auf dem alten Vertrage beruhende Bündniss und sei so wichtig, dass es weder der Königin, noch dem Reichsrathe zukäme, weiter darin zu verhandeln. Wolle er aber noch 10 Tage ungefähr in Copenhagen verweilen, so hoffe man inzwischen Nachrichten vom Könige zu erhalten, wann man seiner Ankunft entgegensehen könne. Denn nur vom Könige allein könne er eine genügende Beantwortung der Botschaft erwarten, mit ihm allein über die alten Verträge unterhandeln." Diese Antwort wurde dem Gesandten durch einige Reichsräthe überbracht, durch sie liess er der Königin mittheilen, „dass er nur in der Hoffnung, von ihr und dem Reichsrathe eine genügende Antwort zu erhalten, bereits 14 Tage umsonst in Copenhagen verweilt wäre, und da man auch jetzt nichts Gewisses über die Rückkehr des Königs bestimmen könne, so sähe er keinen Grund ein, seinen Aufenthalt hier noch länger auszudehnen. Er bäte daher, seine Botschaft dem Könige nach der Rückkehr desselben vorzulegen und ihn daran zu erinnern, dass er mit den ersten nach Danzig segelnden Schiffen eine gnädige und zuverlässige Antwort dem Rathe überschicken möge. Wolle der König zumal neue Bestimmungen in den Vertrag aufgenommen wissen, so fehlten ihm, dem Gesandten, dazu die Instructionen, die ihm erst von Danzig wieder nachgeschickt werden müssten." Erst nach langem Disputiren und Hin- und Herreden entschlossen sich die Bürgermeister von Copenhagen, Thomas Meyenries und Engelbrecht Fynke, die ausser den Reichsräthen mit dem Gesandten unterhandelten, diese Antwort der Königin in Gegenwart der Frau Sigbrit vorzutragen und zugleich anzufragen, ob, wenn auch die Beantwortung der andern Artikel der Botschaft verschoben bleiben müsste, ihm von der Königin wenigstens eine gnädige Zusage werden könnte, dass die Danziger Schiffe den Sund passiren und ihre Schonenreise frei und unbelästigt vollführen möchten. Dies wurde nur unter der Bedingung der Erlegung des bestimmten Zolles und mit dem keine Sicherheit gewährenden Zusatze gestattet, dass unter den Schiffern „nymant ys tho deme syne Kon. Maj. sunderlicke orsake heft." Die dadurch von Neuem hervorgerufenen Zweifel beschwichtigten freilich die Dänischen Reichsräthe: „Danzig habe nichts zu besorgen, man werde sich schon nach Gebühr gegen die Stadt zu verhalten wissen; zudem könnten sogar diejenigen Schiffer, die aus dem Arrest entflohen seien, nach Schonen fahren, da der

König ihnen die Flucht vergeben habe." So vergeblich also die Botschaft war, um für die Zukunft Sicherheit dem „wankenden Kaufmann" zu verschaffen, ebenso vergeblich waren die Bemühungen des Gesandten, den noch gefangenen Danziger Schiffern Freiheit zu erwirken. Einer derselben, Thyme Holm, sass auf dem Schlosse gefangen, weil er den Kapitän eines genommenen Schwedischen Schiffes beherbergt und Waaren aus demselben Schiffe gekauft hatte. Alle Bemühungen des Ambrosius Sturm, die sein Leben bedrohende Gefahr abzuwenden, waren vergeblich. „Nichts wird gehört," berichtet er dem Rath, „will de eyne Fruw idt doen vnd lathen vnd will se wyder nichts hören, szo schoeft se idt vp de fruw konyginne edder vp Kön. Maj. da er solkeyn beuehel gegeuen adder vp des Rikes Raat vnd alle de schufens wedder vp se." Ein anderer Schiffer, Arendt Freese, der gelobt hatte, aus dem Sunde nach Riga zu segeln, aber nach Danzig seinen Curs genommen, war verurtheilt, 100 Preuss. Mark zu zahlen; da er aber sein Schiff verkauft hatte, verlangte Sigbrit das Geld von dem Käufer, der dem Schiffer noch 100 Mark schuldig geblieben war und nun durch Gefängniss zur Zahlung gezwungen werden sollte. „Kurz", so schliesst Ambrosius Sturm seinen Bericht, „keine Botschaft will hier etwas verschlagen, zumal eine Zeitung nach der andern von Danzig kommt, die diese Leute erbittert. Ich sähe nichts lieber, als dass ihr mir schriebet, ihr verwundert euch, dass ich in Abwesenheit des Königs hier so lange verweile, da ich doch der Königin und dem Rathe meine Botschaft übergeben hätte; ihr hättet mich in andern Geschäften zu gebrauchen. Auch will mir die Luft und die harte Kost nicht bekommen."[98]) Seinen so dringenden Wünschen kam denn auch bald der Rath nach.

Indessen hatte Gustav Wasa, dessen Anhang unter dem Eindrucke des Stockholmer Blutbades in kurzer Zeit zahlreich geworden war, glänzende Fortschritte gegen die Dänische Herrschaft gemacht. Den von Christian eingesetzten Statthalter Dietrich Slaghoek, den Anrather des Blutbades, hatten die Thalbauern, Gustavs einzige Kriegsmacht, in einer blutigen Schlacht bei Westeras (29. April 1521) besiegt; auch Upsala, der Sitz des Erzbischofs Gustav Trolle, der die Sache seines Vaterlandes verrieth, war in Wasas Hände gefallen. Nun strömten die Freiwilligen aus dem ganzen Schwedenlande so zahlreich zu seinen Fahnen, dass er um Johannis 1521 die Belagerung der Hauptstadt beginnen konnte. Es war ein schwieriges Werk, welches bei der eigenthümlichen Lage Gustavs mehr Ausdauer und Klugheit, als glänzende Tapferkeit erforderte. Denn die Hauptmacht seines Heeres bestand aus den aufgebotenen Bauern des Landes, deren Schaaren einander ablösen mussten und wegen eigener Haushaltungssorgen bisweilen gänzlich ausblieben. Zudem war Stockholm von der Seite der See, auf welcher der tapfere Admiral Severin Norby mit der Dänischen Flotte herrschte, offen und konnte zu jeder Zeit mit Lebensmitteln reichlich versorgt werden. Aber die glücklichen Erfolge des Befreiungskampfes erweckten Gustav jetzt Freunde unter den Hansestädten. Zwar vermieden die Obrigkeiten derselben noch jeden offenen Bruch, mehr auf Unterhandlungen, als auf einmüthiges Handeln ihr Vertrauen setzend. Aber unter den Bürgern zeigte sich die regste Theilnahme für Gustavs Siege. So war es besonders der tapfere Holsteiner Stephan Sasse, der gleichgesinnte Bürger aus den Ostseestädten gewann und dem an Proviant und Munition Noth leidenden Gustav reiche Zufuhr brachte. Als er nämlich 1520 als Gesandter der Christina Gyllenstierna zum Könige Sigismund geschickt war, um dessen Hülfe zu erwirken, hatte er, da er den eigentlichen Zweck seiner Sendung verfehlte, wenigstens listiger Weise die Feindschaft des Königs mit Russland benutzt, um von ihm einen Kaperbrief zu erhalten, kraft dessen er und einige andere Danziger Bürger, als namentlich Jacob und Adrian Flynt, Hans Hake, Lorentz Putenberg, Hans Overram und Joachim Boensack, als Auslieger des Königs beauftragt wurden, Russische Schiffe auf der Ostsee zu plündern. Aber Steffen Sasse dachte nicht daran, gegen die Russen Feindseligkeiten zu verüben, sondern leistete unter dem Schutz dieses Briefes dem belagernden Gustav alle mögliche Zufuhr. Im Sommer des Jahres 1521 ging die Kühnheit seiner Freibeuterei so weit, dass er und seine Gehülfen in den Schwedischen Scheeren nicht nur Schiffe und Jachten ihrem Freunde zuführten, sondern sogar Dänische Schiffe und Güter, namentlich solche, die nach Reval und Narva bestimmt waren, wegnahmen. Von allen Seiten gelangten über ihn und seine Genossen Beschwerden nach Danzig, denn von hier war er mit einer Schute ausgesegelt. Der Rath von Reval und der von Narva, deren Bürger durch die Wegnahme ihrer Güter grossen Nachtheil erlitten hatten, rächten sich durch Beschlagnahme von Danziger Gütern und waren durch keine Bitten zur Herausgabe derselben zu bewegen. Auch der auf Christians Seite stehende Reichsrath in Schweden erhob über die von Steffen Sasse und dem Danziger Jaspar Schilling „den Rebellen" geleistete Hülfe in Danzig Klage. Gustav Trolle, der nach der Dänischen Eroberung Stockholms für die ihm von Sten Sture angethanene Gewalt Genugthuung verlangt und dadurch mit das Blutbad veranlasst hatte, Bischof Otto zu Westeras, des vorigen Genosse im Verrathe, Johannes, Bischof zu Odensee und Administrator des Bisthums Strengnäs, hatten das Schreiben erlassen, das zugleich vom Ritter Erich Trolle, dem Vater des Erzbischofs, Mitglied des Reichsrathes, und dem Bürgermeister und Rath von Stockholm unterzeichnet war. Sie bestanden nicht nur auf strenger Bestrafung jener beiden, sondern verlangten auch, dass der Rath in den Stromgebieten der Stadt den Verkauf nur solcher Schwedischer Güter gestatten sollte, die mit einer sichern Certification des Reichsrathes versehen wären, alle andern aber so lange anhalten, bis der rechtmässige Besitz nachgewiesen wäre. Selbst an den mächtigen Admiral Severin Norby, der sich königlicher Amtmann auf Gothland, Calmar, Oeland und Stegeholm nannte, hatte sich Steffen Sasse gewagt und auf dem Danziger Stromgebiet mit Hülfe des vom König von Polen eingesetzten Hafendieners Niclas Sturtz jenem ein Schiff und Güter im Werthe von 6000 Mark weggenommen. Der Rath, durch diese Klagen von Neuem in Verlegenheit gesetzt, wies die Beschuldigung, als habe er diese Kapereien gewünscht oder gebilligt, mit Ernst zurück und that alles Mögliche, um die Kläger von seiner Unschuld zu überzeugen. Er zog die namhaft gemachten Mitschuldigen zur Verantwortung, diese aber schoben alle Schuld auf den abwesenden Steffen Sasse und wollten nicht einmal von einer Unterstützung mit Rath, viel weniger von einer thätigen Theilnahme an seinen Kapereien etwas wissen. Jasper Schilling, bei dem Steffen Sasse eine Zeitlang Herberge gehabt hatte, war zu dieser Zeit gar nicht in Danzig, hatte aber, besorgt um den Verdacht, der gegen ihn erregt werden könnte, noch vor dem Eingehen der Klage sich dem Rathe gestellt und bezeugt, dass er dem Steffen Sasse weder in seinen Unternehmungen gegen die Russen, noch sonst in seinen andern Anschlägen Hülfe mit Rath oder That gewährt habe. Dass freilich Steffen Sasse mit einer Schute im vergangenen Sommer den Hafen Danzigs verlassen habe, konnte nicht geläugnet werden; aber wie hätte der Rath es verhindern können, da er vom Könige von Polen den besiegelten Kaperbrief gegen die Russen erhalten hatte? „Vor seiner Abfahrt hätte er auch dem Rathe mit Hand und Mund geloben müssen, alle Freunde Danzigs zu verschonen, und wenn er sein Versprechen nicht gehalten, so habe er das auf seine eigene Gefahr und Verantwortung gethan." Ja der Rath that noch mehr; aus Besorgniss, „ne actiones privatorum minus consideratae maxime aliis et toti civitati imputetur aut in commune vergat exitium," theilte er dem Könige von Polen den Missbrauch mit, der mit seinem Kaperbriefe getrieben würde und liess auch auf dem Städtetage zu Graudenz, der im October 1521 abgehalten wurde, durch seine Gesandten, Eberhard Ferber und Edwerdt Niedhoffen, den König ersuchen, dass er in Berücksichtigung des schon bestehenden Missverhältnisses zu Dänemark die Befehle zum Kapern Russischer Schiffe zurückziehen möchte, zumal jene Auslieger weniger die Ehre des Königs, als ihren eigenen Nutzen verfolgten. Die Gesandten konnten zur Begründung ihres Verlangens zugleich die traurige Nachricht mittheilen, dass in Folge dieser Uebertretungen der Polnischen Auslieger von Neuem Schiffe im Sunde angehalten seien. Und doch hatte der Rath, um seine und des Königs Unschuld zu beweisen, zwei von der Mannschaft jener Auslieger, als sie aus Pommern nach Danzig zurückgekehrt waren, ins Gefängniss geworfen. „Der König, gegen dessen Befehle sie freventlich gehandelt, möge ihre Strafe bestimmen, da sie das ganze Land in nicht geringe Gefahr gebracht hätten." Zugleich waren die Gesandten beauftragt, nach Vorlegung einer Taxe des den Danzigern durch den Rath zu Reval verursachten Schadens, bei dem Könige den Ersatz desselben nachzusuchen. Allein auf der Graudenzer Tagefahrt kam diese Angelegenheit nicht zur Entscheidung, da hier viel wichtigere Berathungen in Betreff des Verhältnisses zum Hochmeister vorlagen. Erst auf dem nächstfolgenden Tage, der zu Petrikau im Decbr. abgehalten wurde, konnte der Gesandte Danzigs, Ambrosius Sturm, nochmals die Sache der Auslieger, wenn auch nicht bei dem Könige selbst, so doch bei seinem Rathe, dem Bischof von Posen, vorbringen. Allein dieser zeigte sich dem Gesandten gegenüber ungemein „schwierig und ungütig": „der König könne seinen den Ausliegern gegebenen Befehl nicht zurückziehen, da er einmal den Russen seine Macht zu Wasser und zu Lande beweisen wolle, und was die Revaler beträfe, wie könnte der König in irgend einer Sache von ihnen condemnirt werden?" Als alle Gegenreden des Gesandten vergeblich waren, versuchte er auf einem andern Wege die königliche Entscheidung zu erlangen. Er ging den Castellan von Krakau, Nicolaus Fyrley, an, ihm in dieser Angelegenheit bei dem Könige behülflich zu sein. Dieser zeigte sich williger und verlangte ein kurzes Memorial, welches er dem Könige vorzulegen versprach. Es war natürlich, dass Ambrosius Sturm diese Schrift benutzte, um die Gefahren, die durch die Uebertretung des königlichen Befehls dem ganzen Lande Preussens drohte, mit recht grellen Farben zu malen. „Der Handel nach England, Schottland, Norwegen, Holland und Seeland würde vernichtet werden, denn alle Schuld würde Christian nur Danzig entgelten lassen." Dies wirkte; der König erklärte sich bereit, die Auslieger zur Rechenschaft zu ziehen: wenn sie überführt würden, gegen des Königs Befehle gehandelt zu haben, sollte eine besondere Untersuchungscommission bevollmächtigt werden, ihnen die Kaperbriefe zu nehmen und sie zur Restitution der unrechtmässig genommenen Güter anzuhalten. Zu Commissarien „contra maritimos satellites, qui regia facultate in Moscos saeviendi eis concessa sunt abusi", wurden ernannt: Jürgen von Baysen, Palatin von Marienburg, Balinsky, Castellan von Danzig und Schatzmeister der Preussischen Lande und Heinrich Ferman, der Bürgermeister von Elbing. Bald aber entstand für den Gesandten Danzigs eine neue Schwierigkeit, indem der Königliche Reichskanzler verlangte, dass ausdrücklich in der den Commissarien zu gebenden Vollmacht gesagt würde: „die Auslieger sollten nur, wenn sie Andere als Russen und „deren Anhänger" beschädigt hätten, zu verantworten schuldig sein und nichts weiter." Ambrosius Sturm, dem es auch darauf ankam, den Schadenersatz von den Ausliegern zu erlangen, erkannte sogleich den grossen Vortheil, den diese Clausel den Ausliegern gewähren würde, da sie nun zu der Ausrede ihre Zuflucht nehmen konnten, die Revalschen, die mit den Russen Handel trieben, seien ja deren Freunde und Anhänger. Daher erklärte er gerade zu, dass diese Clausel mit den Worten des Kaperbriefes, der nur gegen die Russen laute, in Widerspruch stände und die Commission nutzlos machen würde. Seinem energischen Auftreten gelang es, seinen Willen zur Geltung zu bringen, und die Clausel blieb aus der Vollmacht weg. Allein wenn auch die Commissarien wirklich in Danzig zusammen kamen, Steffen Sasse und seine Genossen stellten sich dem Gerichte nicht. Wie konnte man ihrer habhaft werden? — Das Einzige, was der Rath erlangt hatte, war nur der Beweis, dass er an dem Treiben derselben unschuldig war.[99])

Aber was konnten alle diese Bemühungen des Rathes, die Schuld von sich abzuwenden, den Plänen Christians gegenüber helfen, der bei seinen gewaltthätigen Verletzungen der hanseatischen Privilegien auch bisher nicht einmal einen rechten Vorwand gesucht hatte? Was man von ihm in Folge der den Schweden zugeführten Hülfe und der an Dänischen Schiffen verübten Kapereien zu erwarten habe, das bewies sehr bald die aus dem Sunde einlaufende Nachricht, dass trotz der von Ambrosius Sturm überbrachten Botschaft, trotz der von der Königin und dem Reichsrath gegebenen Zusagen von Neuem nicht weniger als 14 Danziger Schiffe im Sunde angehalten und zur Verstärkung der Dänischen Flotte oder zum Transport von Truppen nach Schweden verwendet worden waren. Wenn schon diese Gewaltthätigkeiten den Städten genug Grund zum offenen Bruche gaben, so mussten Christians Maassregeln und Pläne, ihren ganzen Handel in den nordischen Reichen zu untergraben, noch bedrohlicher erscheinen. Des Königs Gesetze vom 10. Febr. 1521 und vom 6. Januar 1522 verboten den Kleinhandel der Deutschen auf dem Lande und befahlen den Bewohnern des Landes, ihre Producte nicht nach deutschen Häfen, sondern nach Dänischen Städten zu bringen. Solche Gesetze sollten auf künstliche Weise den Handel der grösseren Städte Dänemarks heben, erregten aber, weil sie bei dem Mangel eigener Productionsfähigkeit und Industrie die Erwerbsquellen des Landvolks und den Handelsgewinn des Adels und Klerus erschwerten, nur Unzufriedenheit mit der Regierung des Königs im eigenen Lande. Ebenso bedrohlich für den Handel erschien der Plan Christians, eine Dänisch-Schwedische Handelscompagnie zu stiften, durch welche die Kaufmannschaft dieser Reiche zu einer Gesammtheit nach hanseatischen Grundsätzen vereinigt werden sollte, die stark genug wäre, um ein Gegengewicht gegen die Hanse zu bilden.[100]) Wenn auch dieser Plan an dem glücklichen Fortgang des von Gustav Wasa begonnenen Befreiungskampfes scheiterte, so konnte doch daraus, sowie aus der Weigerung des Königs, nach seiner Rückkehr aus Schweden den vom Reichsrath untersiegelten Segeberger Recess zu bestätigen, deutlich erkannt werden, dass man es nicht mehr mit vereinzelten feindlichen Maassregeln zu thun habe, sondern mit dem wohl angelegten Plane, der Hanse die Herrschaft über den nordischen Handel zu entreissen.

Von allen Ostseestädten erkannte zuerst Lübeck, welches nun freilich bereute, den Dänischen Versprechungen getraut und die Schweden preisgegeben zu haben, die ganze Grösse der Gefahr. Seit dem Frühjahr 1521 war es fest entschlossen, sich nunmehr nicht weiter durch Nachgiebigkeit die Vermeidung des Krieges zu erkaufen, sondern sich unter dem Beistande der Bundesgenossen zu demselben zu rüsten. Freilich musste es damals zu der bittern Erkenntniss kommen, dass die Zeit der Hanse, wo jede Stadt bereit gewesen war, ihr Sonderinteresse dem allgemeinen Besten zu opfern, längst vorüber war. Von allen Seiten erhielt es abschlägige oder ausweichende Antworten und der am 9. Mai 1521 abgehaltene Hansetag zu Lübeck liess es zu keiner allgemeinen Maassregel kommen. Auch Danzig, wo das gespannte Verhältniss zu Lübeck noch im frischen Andenken war, weigerte sich den Tag zu beschicken, sich mit der Bedrängniss entschuldigend, die es in dem eben beigelegten Kriege mit dem Hochmeister habe ertragen müssen.[101]) Nichtsdestoweniger war Lübeck, obgleich es nur auf die Hülfe der Wendischen Städte rechnen konnte, fest entschlossen, nöthigenfalls allein den Kampf mit dem verhassten Gegner aufzunehmen. Denn zu der Erkenntniss der Gefahr gesellte sich hier auch die Erbitterung, als die Versuche Christians bekannt wurden, die derselbe während seines Aufenthaltes in den Niederlanden bei dem Kaiser gemacht hatte, um ihn zu Nichts Geringerem, als zur Kriegshülfe bei der Unterwerfung Lübecks zu bewegen. Wenn der Kaiser auch solche dreiste Zumuthung, eine dem deutschen Reiche angehörende Stadt preiszugeben, zurückwies, so gab er doch seinem Schwager wenigstens darin nach, dass er auf seine vielfachen Klagen über Lübeck und die andern Städte ein Mandat (am 2. Aug. 1521) erliess, durch welches er allen Handel und jede Zufuhr nach Schweden, auch jede Feindseligkeit gegen Dänemark bei 2000 Mark Goldes verbot und zugleich den Bischof von Ratzeburg als kaiserlichen Commissarius beauftragte, alle Irrungen zwischen Christian und Lübeck beizulegen. Freilich bedurfte es nur einer offenen, wahrheitsgemässen Darstellung der Verhältnisse, die der Lübecker Rath dem Kaiser durch eine besondere Gesandtschaft geben liess, um diesen sofort von der Gewaltsamkeit seines Schwagers zu überzeugen und zur Zurücknahme des erlassenen Mandates zu bewegen. Das geschah und zugleich wurde Christian aufgefordert, sich an die Bestimmungen des Segeberger Recesses zu halten.

Ein Anderes war es mit Danzig, wo ebenfalls das kaiserliche Mandat, welches die Schwedische Segellation bei Strafe der Acht verbot, bekannt gemacht wurde. Hier erkannte man überhaupt nicht die Hoheit des römischen Reichs an. Doch war in dem Mandat ausdrücklich gesagt, dass Danzig seine etwaigen Einwendungen gegen dasselbe binnen 45 Tagen vor dem kaiserlichen Statthalter, dem Pfalzgrafen Friedrich, Herzog von Ober- und Niederbaiern, und dem damals in Nürnberg bestehenden Reichsregimente vorzubringen und zu verantworten habe. Bald nachdem dies Mandat an den Danziger Rath gelangt war, traf die Nachricht von der bereits erwähnten Arrestirung der 14 Schiffe ein. Gleichzeitig waren auch einige Schwedische mit Osamund und andern Gütern beladene Schiffe in den Hafen gekommen, um ihre Ladung zu verkaufen. Was sollte man thun? — Christian, der von diesen Vorgängen durch seine Kundschafter in Kenntniss gesetzt worden war, verlangte kurz und bestimmt, entweder dem kaiserlichen Mandat gemäss die Schwedischen Schiffe bis auf weiteren Befehl zu arrestiren oder sie nebst Mannschaft und Gütern nach Dänemark auszuliefern. [102]) Der Rath forderte von dem umsichtigen Eberhard Ferber, der damals auf seiner Starostei zu Dirschau sich aufhielt, ein Gutachten in dieser schwierigen Lage. Aber auch er, wohl richtig die Macht- und Mittellosigkeit der Stadt nach eben überstandener Kriegsnoth erwägend, wusste Nichts Bestimmtes zu antworten. „Gäbe Christians bisheriges Verfahren wohl eine Garantie dafür, dass man durch Arrestirung der Schwedischen Schiffe die Freiheit der früher und jetzt neuerdings angehaltenen Danziger Schiffe erlangen würde? Wenn nun den Schweden die Befreiung vom Dänischen Joche gelänge, würde das feindliche Verfahren gegen sie nicht in zukünftigen Zeiten der Danziger Kaufmann entgelten müssen? Und wenn nun gar Christian die Oberhand behielte, was wäre dann erst von seiner Macht zu fürchten, wenn man sein Verlangen zurückgewiesen hätte? Auf der andern Seite aber, welcher Verletzung des allgemeinen Rechtes mache sich Danzig schuldig, wenn es die seinen freien Hafen Besuchenden anhielte, ohne eine Warnung vorher erlassen zu haben? Zudem würde man sich dadurch dem Mandate des Kaisers willfährig zeigen. Jedenfalls aber müsse man das Verlangen Christians, die Schwedischen Schiffe auszuliefern, zurückweisen, denn das „were nicht alleyne schymplich sunder vnleidelich vnd vnthuenlich." Vielleicht, meinte Ferber, wäre es nicht unangemessen, nochmals Gesandte aus dem Rathe nach Copenhagen zu senden, wenn nicht Christian etwa schon der allgemeinen Hanse ihre Freiheiten und Privilegien aufgekündigt hätte. [103]) Nach langem Ueberlegen wurde im Rathe endlich beschlossen, den König nochmals schriftlich zur Beantwortung der durch Ambrosius Sturm überbrachten Botschaft und zur Freilassung der angehaltenen Sehiffe aufzufordern. Zwei gleichlautende Schreiben wurden am 18. Novbr. durch Boten abgeschickt und zwar wegen der vorgerückten Jahreszeit zu Wasser und zu Lande, um sie sicher in die Hände des Königs gelangen zu lassen. [104]) Zugleich wurde in Betreff des kaiserlichen Mandates beschlossen, gegen die Zuständigkeit des Reichskammergerichtes, sowie des Reichsregimentes Protest (exceptionem declinatoriam fori) bei diesem selbst zu erheben und den Ambrosius Sturm an den König Sigismund zu schicken, um von ihm ein Schreiben an den Kaiser selbst und das Kammergericht zu erwirken, durch welches jenem Protest ein grösserer Nachdruck gegeben und mehr Achtung verschafft werden sollte. Die Schwedischen Schiffe aber wurden, ohne ihre Ladung gelöscht zu haben, aus dem Hafen frei entlassen. Zum Vertreter Danzigs vor dem Reichskammergericht wurde der Priester aus Oliva, Urbanus Ulrich, „der freien Künste Magister", erwählt und am 26. Novbr. durch den Stadtsecretair Jacobus Fürstenberg vor Zeugen und Notar bevollmächtigt. Dieser verlies am 29. Novbr. Danzig mit einem Schreiben an den Rath von Nürnberg, in welchem dieser mit dem ganzen Rechtshandel bekannt gemacht und gebeten wurde, auf Kosten der Stadt einen geschickten und erfahrenen Advokaten zum Substituten des Danziger Anwalts zu ernennen. Am dritten Weihnachtsfeiertage gelangte Urbanus Ulrich nach Nürnberg und wurde vom dortigen Rathe sogleich an den Doctor utriusque juris, Conradin Schwopach, gewiesen, der keine Mühe zu sparen versprach, um Danzigs Sache zu vertreten. Auch dieser wurde vom Rathe mit einer Vollmacht auf 3 Monate versehen und erhielt für seine Dienste das Honorar von 30 Goldgulden. Die Vollmachten behandelten genau alle möglichen Verlegenheiten, die etwa den Anwälten der Stadt gemacht werden konnten und gaben genau an, wie in jedem Falle zu handeln wäre. So sollte bei dieser exceptio declinatoria fori besonders hervorgehoben werden, dass Danzig weder Reichskammergericht, noch Reichsregiment anerkenne, sondern unmittelbar („ane mittell") dem Könige von Polen, als seinem natürlichen Herrn unterworfen wäre, da doch ein Artikel des Kammergerichts bestimme, „Gegen Nymanden ladunge zcw Irkennen, denn dy ane mittell dem Reyche vnderworffen", und ein anderer: „Eyn Jeden bey ordentlichem gerichte bleyben zcw lassen". Sollte dieser exceptio nicht nachgegeben werden, dann sollten die Anwälte an den Kaiser selbst appelliren; sollte auch die Appellation versagt werden, dann sei der ganze Process als unnütz aufzugeben. Würde aber diese exceptio fori angenommen, dann möchten sie, wenn es noch nützlich erschiene, das Gericht davon in Kenntniss setzen, dass Danzigs Hafen, der der Polnischen Krone gehöre, Niemandem verschlossen sein, Niemandem verboten werden könne. Sollte aber das Gericht in contumaciam erkennen, so sei zu antworten: „was contumaciam hat sich das Kammergericht zu berühmen, wenn sie laden, die nicht zu ihm gehören, und wider seine eigenen Artikel handeln." Ueber den Erfolg aber des Processes äusserte schon Urbanus Ulrich bald nach seiner Ankunft in Nürnberg sein Bedenken, da die Sache nicht vor dem Reichskammergerichte, sondern vor dem kaiserlichen Reichsregimente verhandelt werden sollte, welches seit dem Wormser Reichstage bereits durch Carl V. seine Umwandlung im absolut-monarchischen Sinne erfahren hatte.[105])

Indessen hatte auch die Sendung des Ambrosius Sturm an den König von Polen einen dem Rathe ganz erwünschten Erfolg. Zwar trat dem Gesandten derselbe Bischof von Posen, der in der Angelegenheit des Steffen Sasse sich unwillig gezeigt hatte, auch jetzt entgegen, als er seine schriftliche Botschaft in Betreff des kaiserlichen Mandates durch den Kanzler an den König gelangen liess. Denn auf seine Bitte, dass der König zu Gunsten der Danziger an den Kaiser und das Reichskammergericht ein Schreiben erliesse, um den Protest derselben gegen die Zuständigkeit des Gerichtes zu unterstützen, erhielt er nach einigen Tagen den Bescheid, dass der König jetzt, da viel wichtigere Dinge vorlägen, keine Zeit habe, die erbetenen Briefe zu erlassen. Ambrosius Sturm, wohl bekannt mit dem Umstande, dass das Briefschreiben der königl. Kanzlei stets grosse Schwierigkeiten mache, nahm diesmal seine Zuflucht zu einem Mittel, welches noch heut zu Tage dem in Polen verkehrenden Fremden empfohlen wird und seine Wirkung niemals verfehlen soll. Durch ein Geschenk von 10 Goldgulden gelang es ihm nämlich vom Kanzler die Zustimmung zu dem Vorschlage, dass er selbst die verlangten Briefe aufsetzen könne, zu erhalten. So geschah es; Ambrosius Sturm verfasste beide Briefe, sowohl den an den Kaiser, als den an das Kammergericht. Kein Wunder, dass sie zu Gunsten Danzigs ausfielen und in energischer Sprache gegen die Rechtsübergriffe des Kaisers protestirten.[106])

Während so Danzig die vom Dänischen Könige bei dem Kaiser errungenen Erfolge zu vereiteln bemüht war, gelangte auch die so lang erwartete Antwort Christians auf die im Novbr. abgeschickten Briefe an den Rath. Aber welche Antwort? Man hatte wenigstens ein gründliches Eingehen auf die in der Botschaft gemachten Vorschläge erwartet; statt dessen nur Vorwürfe und Drohungen, kein Wort von der erbetenen Freilassung der gefangenen Schiffer, der arrestirten Schiffe und Güter. „Danzig hätte im vergangenen Sommer zugelassen, dass Kriegsvolk den ungehorsamen Unterthanen in Schweden durch seine Ströme und Gebiete zugeführt worden sei, des Königs Diener in das Gefängniss geworfen und ihn nur unter der Bedingung freigelassen, dass er sich nach Schweden begeben und den Feinden des Königs anschliessen sollte. Der Zufuhr von Proviant und Munition hätte sich im vergangenen Sommer namentlich Jasper Schilling und mehrere andere Danziger Bürger schuldig gemacht und doch habe man wegen des Krieges mit dem Hochmeister an den König eine Warnung (warschawunge) erlassen. Aus diesen Gründen wiederhole er seine bestimmte Forderung, dass die Schwedischen Hauptleute mit ihren Schiffen und Gütern festgenommen, sowie auch Jasper Schilling und die übrigen Bürger, die diesem Hülfe und Beistand geleistet hätten, gefangen, ihre Güter confiscirt und ihre Personen ohne weitern Verzug ihm überschickt würden; für die Zukunft aber verlange er eine unbedingte Beachtung des kaiserlichen Mandates." Der Rath, zwar weit entfernt auf die Erfüllung dieser schimpflichen Zumuthungen einzugehen, hielt eine Widerlegung der gemachten Vorwürfe schon aus dem Grunde für nothwendig, um in den Augen des Königs von Polen vollständig gerechtfertigt zu erscheinen, wenn es zum offenen Bruch zwischen Dänemark und der Stadt kommen sollte. Er beantwortete daher Punkt für Punkt die gemachten Vorwürfe. „Von einer Unterstützung der Schweden mit Kriegsvolk und von der Gefangennahme eines königlichen Dieners wisse der Rath nichts. Meine vielleicht Christian diejenigen Auslieger, welche der König von Polen gegen die Russen geschickt habe, so habe man aus schuldiger Unterthänigkeit gegen diesen den Hafen ihnen nicht verschliessen können; und wenn sie des Königs Befehl zum Nachtheile Dänemarks übertreten hätten, so stehe es nicht bei dem Rathe darüber zu richten, sondern allein bei dem König von Polen. Was Jasper Schilling als einzelner Bürger gegen Wissen und Willen des Rathes gethan habe, könne dieser nicht verantworten, zumal man nur wisse, dass er eine Fahrt nach Reval in seinen Geschäften gemacht und von da wieder zurückgekehrt sei. Ferner sei der Rath auch in seinem vollkommenen Rechte, wenn er wegen des Preussischen Krieges eine Warnung an Dänemark erlassen habe, da er ja auch auf Christians Wunsch seinen Bürgern nach Schweden zu segeln verboten und jede Verantwortlichkeit für dadurch entstehenden Schaden zurückgewiesen habe. Auch habe man die Schwedischen Schiffe, die im vergangenen Sommer den freien Hafen der Stadt besucht hätten, mit ihren Gütern „ungelost" (ohne gelöscht zu haben) wieder wegsegeln lassen, denn sie zu arrestiren, stehe nicht in der Macht des Rathes. Wenn nun Christian die Auslieferung der Danziger Bürger verlange, so könne der Rath die Erfüllung solchen Ansinnens nicht verantworten, da es Niemandem zukäme, die Seinigen aus dem ihnen zustehenden Gerichte, wo sie ihr Recht geben und nehmen müssten, preiszugeben. Was endlich das kaiserliche Mandat beträfe, so wäre der Rath in jeder andern Sache gern bereit, der kaiserlichen Majestät gefällig zu sein; aber dem Mandate könne er ohne den Willen des Herrschers, des Königs von Polen, nicht Folge leisten." Zum Ueberfluss fügte man dieser Widerlegung nochmals die Bitte um Freilassung der gefangenen Bürger und arrestirten Schiffe hinzu: „dadurch würde der König die ihm früher von Danzig geleisteten Dienste und die Nachsicht anerkennen, mit welcher man die dem Hochmeister geleistete Hülfe (zcwschwbe) habe geschehen lassen, ohne deshalb Dänische Unterthanen zu arrestiren." [102])

Dass durch dieses Schreiben nichts erlangt wurde, vielmehr alle Unterhandlungen abgeschnitten waren, lag am Tage. Es war das letzte, welches vor der offenen Kriegserklärung an Christian abging. Denn alle Verhältnisse drängten schon zur kriegerischen Entscheidung. Lübeck hatte bereits im Herbst 1521 seine Rüstungen begonnen. Der dort am 15. Septbr. 1521 abgehaltene Hansetag, den jedoch nur Rostock, Wismar, Stralsund, Hamburg und Bremen beschickt hatten, hatte den Zweck die Bundesgenossen zu gleichem energischem Auftreten zu ermuntern. Obgleich nur die Wendischen Städte ihre Theilnahme am Kriegsbunde zusagten, so fand doch der Vorschlag Lübecks, den alten Zwist mit Danzig in Vergessenheit zu stellen und sich mit ihm zu verbinden, allgemeinen Anklang. Der angestrengten diplomatischen Thätigkeit, welche die Lübecker Gesandten, Bernhard Bomhover und Paulus von dem Felde während des Winters 1521—22 in den Städten der Ostsee entwickelten, gelang es das an Macht und Reichthum fast gleichstehende Danzig zum Kriegsbunde zu gewinnen. Am 15. März 1522 kam das Schutz- und Trutzbündniss zwischen den beiden mächtigsten Hansestädten zu Stande. [108]) Sofort wurden auch die Rathsgesandten, Eberhard Ferber, Paul Bischoff und Edwerdt Nidderhof, die zum Preussischen Städtetag nach Graudenz abgeschickt wurden, dahin instruirt, den übrigen Gesandten des Landes und der Städte das mit Lübeck abgeschlossene Bündniss anzuzeigen, dem Könige von Polen aber nicht eher, als bis er durch ein besonderes Rathsschreiben um seine Zustimmung gebeten sei, damit er es nicht ungünstig aufnähme, wenn er zu bereits beschlossenen Sachen seine Einwilligung geben solle. Am 22. März brachten die Gesandten ihre Botschaft in Betreff des Kriegsbundes mit Lübeck zum Vortrag. Sie unterliessen nicht mit besonderm Nachdruck hervorzuheben, wie die Hanse hauptsächlich durch die Maassregeln der Frau Sigbrit, die über den König und den Reichsrath Dänemarks herrsche, zum Kriege gezwungen sei. „Nun sei es in keinem Wege leidlich, die Privilegien zu übergeben, die mit Geld und trefflichem Gute, zum Theil auch mit dem Schwerte und mit Blut erobert seien." Sie hoben ferner hervor, welcher grosse Schaden der Krone von Polen durch den zu Copenhagen errichteten Stapel zugefügt würde; denn dadurch würde der Handel mit grober Waare, die viel aus des Königs Landen ausgeführt worden sei, wie mit Asche, Holz, Pech, Theer, verloren gehen und andern Städten zu Gute kommen. „Daher habe Lübeck, das Haupt der Hanse, an Danzig und die andern Preussischen Städte, namentlich an Elbing und Thorn, die Aufforderung ergehen lassen, dass im Falle des Krieges jede Stadt nach ihrem Vermögen den hansischen Recess halte und mit einträchtiger Hülfe seinen Beistand leiste, um die angegriffenen Privilegien zu beschützen und zu beschirmen." Die königl. Räthe versprachen darauf diese Angelegenheit dem Könige vorzutragen, Elbing und Thorn aber darüber an ihren Rath zu referiren. Die Antwort erfolgte erst auf der nächsten Tagefahrt, die am 25. Mai zu Marienburg ihren Anfang nahm. Sie bewies von Neuem, wie die Einheit des Bundes bereits geschwunden und Sonderinteressen allein die Beschlüsse der Städte bestimmten. Denn als auf dieser Tagefahrt die Danziger Gesandten, der Bürgermeister Heinrich Wysze und der Rathmann Reinhold Feldstete die Elbinger Abgeordneten an das mit Lübeck abzuschliessende Bündniss erinnerten und sie zum Beitritt ermahnten, antwortete Johann von Loe, der Bürgermeister von Elbing: „Der Aufforderung nachzukommen, sei der Elbinger Rath gerne geneigt; aber es sei offenbar, dass die Stadt und ihre Bürger im vergangenen Kriege mit dem Hochmeister grossen Abbruch und Schaden im Erwerb erlitten hätten, noch ständen treffliche Gebäude unvollendet da, zu deren Ausbau nicht geringe Summen Geldes gehörten; darum könne der Rath in diesem Falle keinen Trost von seinen Bürgern erlangen und zu diesem Kriege keine Hülfe leisten." Ebenso lautete die Antwort der Thorner Sendeboten, Franciscus Estichen und Conrad Braun: „Ihre Aeltesten wären geneigt, sich gegen die Hanse nach ihrem Vermögen zu halten und nicht abzuschlagen, was ihnen zu tragen zukäme, aber für diesmal könnten sie weder Geldsteuer, noch Hülfe zusagen, da ihre Stadt nicht in dem Vermögen wäre und der Rath von der Bürgerschaft nichts erlangen könne."[109]) So stand von den Preussischen Städten Danzig allein den Lübeckern zur Seite und hatte im Laufe des Krieges noch die unangenehme Pflicht darauf zu achten, dass jene nicht, ihrem gewöhnlichen Erwerbshandel nachgehend, den gemeinsamen Feind durch Zufuhr stärkten.

Anmerkungen und Beilagen.

1) Das nähere Verhältniss Danzigs zu den scandinavischen Reichen hat mit reichem aus dem Danziger Archive geschöpften Material H i r s c h im 9. Abschnitt des II. Buches seiner Handels- und Gewerbsgeschichte Danzigs unter der Herrschaft des deutschen Ordens genauer behandelt.
2) Vergleiche hierüber: Hirsch a. a. O. p. 135 ff.
3) Siehe die Abschrift dieser Urkunden bei Hirsch a. a. O. p. 278 und 279.
4) Vergl. Caspar Weinreichs Danziger Chronik, herausgegeben von Hirsch und Vossberg. Berlin 1855. p. 74 und dazu die Anm. 8.
5) So heisst es wörtlich in einer Supplicatio der Hauptleute auf der Barke, der „Knyphoff" genannt, die an Gustav Wasa gerichtet ist. Liber Missivarum von 1523 p. 125.
6) Bei welcher Gelegenheit diese Städte 1502 in die Deutsche Reichsacht erklärt worden sind, von der sie erst 1515 befreit wurden, darüber vergl. Gralath Geschichte Danzigs I. p. 425 ff.
7) Acta Internuntiorum des Jahres 1516, Schreiben des George Zcymmermann d. d. Wilna d. 2. Juni.
8) Er schreibt: „nolentes aliquid insciis vobis facere, quorum id praecipue interesse videtur, certiores vos de hac re fieri voluimus."
9) Schreiben Sigismunds an den Danziger Rath d. d. Wilna d. 9. Juni 1516 Schublade 76, 621.
10) Act. Intern. von 1515 Schreiben des George Zcymmermann an den Rath d. d. Königsberg des Stefani (2. Aug.) 1515.
11) Vergl. Heinr. Handelmann die letzten Zeiten Hansischer Uebermacht p. 33 ff.
12) Ueber die Feindseligkeiten, die beide Städte um das Jahr 1511 gegen einander ausübten, vergl. Gralath a. a. O. p. 445—449.
13) Rathsschreiben an die Wendischen Städte Lübeck, Hamburg, Rostock, Stralsund, Wismar und Lauenburg d d Sabato post ascensionis Domini (7. Mai). Liber Missivarum von 1512 p. 168.
14) Rathsschreiben an Christian d. d. Sab. post Dominici (4. Aug) 1512. Missiv. p. 175.
15) Rathsschreiben an Christian d. d. am Tage Dominici (4. Aug.) 1513. Missiv. p. 204.
16) Rathsschreiben an Christian d. d. Sab. p. assumpt. (21. Aug.) 1514. Missiv. p. 218.
17) Sie steht Missiv. v. 1514 p 220.
18) Vollmacht für den zum Vogt der Schonischen Vitten ernannten Merten Hasse d. d. Montag post decollat. Joan. (30. Aug.) Missiv. 1518 p. 77.
19) Rathsschreiben an Lübeck d. d. 31 Aug. Missiv. 1518 p. 79. Uebrigens erwacht dieser Streit über die Vitten von Neuem im Jahre 1524. Vergl. Gralath II. p. 16.
20) Schubl. 14, 239. Der Brief Christians lautet:
„Christiern van gots gnaden to denmarken norwegen der wende vnd gotten koningk gekaren koningk to Sweden, hertoch to Sleszwigk Holsten. Unnsze szunderge gunst touorn Erzamen lowen beszundern Szo gy vns geschrouen wo dat Seueryn Norbwes knechte scholen etliche Juwe coplude beschediget vnd vermordet hebben vnd Solchs wy denne vngerne vernemen vnd is vns, gott weit et, van hertten leitt, dat den Juwen szolken schaden begongen sy vnd hebben der wegen, ock do wyle wy nicht anders dann loue vnd gude naborschopp mit Jw weten, na den Hantdedigen laten acht hebben, der wy eyn deel der van ouerkamen vnd gefengligh hebben szittende, vnd willen de szoluen szitten vnd nicht richten laten, ehr vnd beth szo lange yemandt van Juwen Copluden edder Juwen vulmechtigen by vns derhaluen kamen, vmme mede an to horende wes de szuluen gefangen to stan vnd bekomen, villichte, ifft dar mehr vnd wyder vor Jw geszocht were dann als sick de dinge begeuen hebben, vnnd wusten wy Jw vnd den Juwen in mehrerren szundergen gnedigen gunstigen willen to ertogen, weren wy allewege geneget. Datum Copenhagen am Szondage Letare Anno decimo septimo."
21) Schubl. 14, 226 d. d. Copenh. V. nach Valentini (11. Januar) 1515.
22) Die betreffenden Schreiben Christians befinden sich in Schubl. 14, Nro. 223, 225, 227.
23) Rathsschreiben an Christian d. d. 20. Mai Missiv. 1516 p. 260 und d. d. Montag post assumpt. Mar. (17. Aug.) 1517. Missiv. p. 39.
24) Missiv. v. 1518 p. 77.
25) Zum letzten Male wird dieser Schuld gedacht in einem Rathsschr. an Christ. d. d. Sabat. p. dominici (6. Aug.) Missiv. 1519 p. 163.

26) Rathsschrb. an Christ. fer. VI. p. Bartholom. (27. Aug.) 1518. Missiv. p. 76 und Schnbl. 14, 247.
27) Rathsschrb. an Christ. d. d. ipso die sanct. Luciae virginis (13. Decbr.) Missiv. 1518 p. 99.
28) Schr. Christians d. d. Copenh. a. Tage omnium Sanctorum (1. Novbr.) 1518. Schbl. 14, 249 und Rathsschrb. d. d. ipso die sanct. Luciae virg. (13. Decbr.) Missiv. 1518 p. 99.
29) Schbl. 14, 240.
30) Rathsschrb. an Christ. d. d. 5. März 1519 Missiv. p. 107; desgleichen d. d. Sabat. p. dominici 1519 Missiv. p. 163 und an den Dänischen Reichsrath d. d. Mittwoch ante Georgii martyris (22. April) 1523. Missiv. p. 55.
31) Rathsschrb. an Sigism. d. d. 2. Octbr. 1518. Missiv. p. 84.
32) Rathsschrb. an den Generalkapit. von Samogitien d. d. die Calixti (14. Octbr.) 1518. Missiv. p. 86. Rathsschrb. ad capitaneum Marienburgensem d. d. Montag ante Hedwigis (18. Octbr.) 1518. Missiv. p. 86. Rathsschrb. an den König von Polen d. d. in vigilia Hedw. (14. Octbr.) 1518. Missiv. p. 87.
33) Rathsschrb. an Christ. d. d. die Fabiani et Sebast. (20. Januar) 1518. Missiv. p. 63. Es lautet:

Vth sunnigen Handelingen vnd starken reden de sick in disen tyden wieth ergathen vnd beth In de oren vnser borger gelanget, hebben vp mannichfoldich anseken dersoluigen vnser Borger vnd koeplude, sust anick szien mogen, Jwe koe. werde mit disen vnsen schriften denstlicken to beszoken, vnd ethmodigen to bidden, wes sze sick vnd wie alle tho Juwer koe. werden vnd szynen louelicken Riken tho Dennemarcken etc. des bestandes haluen Zo Juwer koe. werde, groetvederlicke vnd darna vaderlicke maiestate, vorfordere, vnd ethwann konyge dersoluigen Rike, Hochlouelicker gedechtnis, mit vns vnd den vnsen vpgericht hebben, wob ock durch Juwe koe. werde belt an dise kegenwerdige thiedt geholden, vorszehen szolen, Vnnd dwyle vns gantz szwaer Js. Juwe koe. werde als sulckeynen louelicken vnd christlicken konyngk (da dann weth noch sick hirJnne der geboer tho holdenn) deser dynge ethmodigen vnd denstlicken tho ermanen, yo dennoch kan Juwe koe. wirde na szynem hogen vorstentnis ermeten, datt vns nicht will fogenn, vnd solcker last vnnd borde, alze de mannichfoldicheytt vnser borger vnnd koeplude vp vns derwegen schufen muchten, to beladen, Hirvmbe mit hogem vnd othmodigem flite denstlicken bidden, Juwe koe. maiestat will gerokenn, szien koniglicken luther gemote vnd willensmeynunge vns hirup, mit szynem gnedigen schrifften by thoger dyszes vnszen kegenwertigen baden, claerlicken tho entdecken vnde to grunde vorstendigenn, wes szick de vnnszen In vngethwyuelder thouorszicht holdenn mogenn, dan wor tho vns vnd de vnnszen de gedochte bestanet, In glieker gestaelt, weddervmbe vorpflichtet, wete wie vns vth den gnaden gades dermaten vnuorwiesslick to holden, wo ock vorhen allewege gedaen, vnd wohr wie ymmers konen vnd mogen Juwer koe. wirden, mit vnszen ethmodigenn densten behagenn, vns mit allem flite erbeden, der goth van Hemmel In szyner louelicken regerunge, vnd In entholdunge langer vorhapender geszundt, szyne gotlicke gnade vorlene.

34) Christians Antwort (Schbl. 14, 251) d. d. Schloss Copenhagen s. d. (15)18. lautet: j

Als gy vnns Juwe schriftliche gemuthe by kegenwertigem baden to geschicket dar gy Inne vormeldt, tho wethenn, dann bestanndt, mit wyder entdeckunge vnnd Innholde, So durch Zeliger loblicher gedechtnus vnnses leuen Hrnn Grothevadder vnd ock Zeliger loblicher gedechtnus Hrrnn vaders, vnnd vnnszes Rickes Denmargken, eyns deyls, vnnd ock Juwer Stadt Danntezecke anders deyls, andrepende vnd angelangende, hebben wy de szuluigen Juwe schriefte mit wyderm innholde guder mathe woll vorstandenn, vnd fugenn Iw der haluenn gunstigk tho wethenn, dat Iw wol bewust vnnd szunder allenn twyuel in fryschenn gedechtnus is, dat dorch vnnse Hrrn Grotevadder vnnd Hrrn vader loblicher gedechtnus solcke bestandt, vnnd ock darna von vnns in aller mathe, by macht vnnd wherde geholdenn is, vnnd wy willen ock dat vmme sunderlicher gunst vnd thoneygunge, na aller gebor als ein Christlicher furste billich vnnd geborlich dar Inne vnns holdenn vnnd schickenn, des wy vns ock vorsehenn, gy Iw in glicker mathe werdenn gegenn vnns holden vnd vorwunderth vns nicht vm wenich, dat gy vnns solcke schriefftliche ansokinge darvme gedaen hebbenn, wenthe wy in kortenuorschenennen tydenn, vnnse geschickte bodeschopp, voreynnunge vnd bestanndts haluen by Iw gehat.

35) Rathsschrb. an Christ. d. d. Montag vor Barthol. (23. Aug.) 1518. Missiv. p. 75.
36) Schreib. Christians an den Rath d. d. Copenh. Sonnabend nach Math. apt. (27. Febr.) 1518. Schbl. 14, 241.
37) In dem Schreiben Christians d. d. Duhrhaffen Sonnt. nach Mauritii (26. Septbr.) 1518. Schubl. 14, 248 heisst es: Na der gelegenheit so sick twuschenn vns vnse vngeboranenn vngetruwen vndersaten de Swedenn erholden vnd begeuene, Bogern wy in gutlichem flyte ansynnende gy willenn vns to szunderlichem gefallen nicht vth Juwer Stadt ock Juwe medeborger Inwoner vnd koplude dar to holdenn gebedenn vnnd to seggennde, dath se nach von Bussen, Bussenkrut, loth, harnisch effte ander where ock whare, kriegesvolck to perde noch to futhe afforinge doen.
38) Schreib. Christ. an d. Rath d. d. Copenh. Sonnab. nach St. Kunegund. Imperatric. (5. März) 1519. Schbl. 14, 252.
39) Rathsschrb. an Christ. d. d. Mittw. p. dom. Laet. (3. April) 1519. Missiv. p. 114.
40) Rathsschrb. an Herrn Steen Sture Ritter vnd mutat. mutand. an den Herrn Hauptmann zu Calmar d. d. Sabato post Xlm. Virginum (23. Octbr.) 1518. Missiv. p. 90.
41) Rathsschrb. an den Gubernator Sten Sture und die beiden Städte Stockholm und Calmar d. d. 20. Mai 1519. Missiv. p. 127.

42) Rathsschrb. an Sten Sture d. d. Mont. p. Catharin. (28. November) 1519. Missiv. p. 199.
43) Schreiben Sten Stures an den Rath d. d. Stockholm Freitag vor Michaelis (24. Septbr.) 1518. Schwedische Proceres 11374.
44) Schreib. Christians d. d. Copenh. Dienstag nach St. Doroth. (8. Febr.) 1519. Schubl. 14, 262.
45) Rathsschrb. an Christian d. d. Donnerstag 6. Jan. 1519. Missiv. p. 104. und d. d. Mittw. nach Laetare (6. April) 1519. Missiv. p. 114. Schreib. Christ. d. d. Copenh. Sonnab. nach St. Kunigundis Imperatricis (5. März) 1519. Schbl. 14, 252.
46) Rathsschrb. an Christian d. d. 28. März 1519. Missiv. p. 111.
47) Schreib. Christians an den Rath d. d. Copenh. Mittwoch nach Misericord. (11. Mai) 1519. Schubl. 14, 255.
48) Schreib. Sten Stures an den Rath d. d. Calmar Sonnabend nach Erhebung des heil. Kreuzes (17. Septbr.) 1519. Schwed. Proceres Nro. 11375.
49) Schreib. Christians an den Rath d. d. Copenh. am Tage Mar. Magd. (22. Juli) 1519. Schubl. 14,258.
50) Schreib. an Christ. d. d. Mittw. nach Jacobi (27. Juli) 1519. Missiv. p. 159.
51) Vergl. Anm. 48).
52) Rathsschrb. an Christ. d. d. Mittwoch post Jacobi (27. Juli) 1519. Missiv. p. 160.
53) Schreib. Christians an den Rath d. d. Copenh. Mittw. nach Assumpt. Mar. (17. Aug.) 1519. Schbld. 14, 259.
54) Schreib. Christ. an den Rath d. d. Copenh. Mittwoch nach Mauricii (17. Aug.) 1519. Schbld. 14, 260.
55) Schreib. Christians an den Rath d. d. Copenh. Donnerst. nach Francisci (6. Octbr.) 1519. Schubl. 14, 263.
56) Rathsschrb. an Christian und mutat. mutandis an die Stände des Dänischen Reiches d. d. 26. Januar 1520. Missiv. p. 207 ff.
57) Vergl. das Schreiben Anm. 48).
58) Schreib. Sten Stures d. d. Westeras Dienstag nach circumcisionis Dom. (2. Jan.) 1520. Unter den Schwed. Proceres.
59) Schreib. der Christina Gyllenstierna d. d. Stockholm am Sonntag Invocavit (25. Febr.) 1520. Unter den Schwed. Proceres.
60) Schreib. des Rathes von Stockholm an den Danzig. Rath d. d. Mont. nach Reminiscere (5. März) 1520. Acta Intern. von 1520.
61) Daher erhielten die Rathsgesandten, Bürgermeister Heinrich Wysze und Rathsherr Reynolt Velstette, die zu der auf den 13. Mai in Thorn angesagten Tagefahrt geschickt wurden, die besondere Instruction, den König Sigismund von jeder Unterstützung der Schweden abzurathen, da Danzig hiedurch noch obenein in einen „ewigen" Krieg mit Dänemark verwickelt werden würde. Vergl. Bornbachs Recesse vom Jahre 1520 p. 29, 39 und 43.
62) Schreib. an Lübeck d. d. Sonnab. post Aegidii (5. Septbr.) 1518. Missiv. p. 82.
63) Vergl. Handelmann a. a. O. p. 52—56.
64) Schreib. an Stralsund d. d. in vigilia Andreae (29. Novbr.) 1519. Missiv. p. 197.
65) Schreib. an Lübeck d. d. Mont. ante Luciae (12. Decbr.) 1519. Missiv. p. 199.
66) Schreib. Eberhard Ferbers und Philipp Bischoffs d. d. Thorn Dienstag vor Thom. apt. (21. Decbr.) 1519. Acta Internunt. und an Lübeck und die andern Wend. Städte d. d. Freit. post conversionis Pauli (26. Jan.) 1520. Missiv. p. 211.
67) Schreib. Sigismunds an den Danziger Rath d. d. Thorn 14. Jan. 1520. Schubl. 76, 626.
68) Abschrift des Schreibens Christians an Sigismund d. d. ex arce nostra Haffnensi 1. März 1520. Schubl. 14, 264 a.
69) Schreib. an Sigismund d. d. Mont. post Laetare (19. März) 1520. Missiv. p. 218.
70) Schreib. Christians an die Bürger Danzigs: Ulrich Huxer, Caspar Schilling, Berndt von Reesen und Michel Kagel sammt andern ihrer Mitgesellschafter und Anhänger d. d. Copenh. Mittw. nach Invoc. (28. Febr.) 1520 Acta Internunt.
71) Schreib. der Erzherzogin von Oesterreich Margaretha an den Rath d. d. Mecheln 25. Febr. 1520. Acta Internunt.
72) Schreib. an Sigismund d. d. Mittw. post Palmarum (4. April) 1520. Missiv. p. 219.
73) Schreib. an Sigismund d. d. 30. April 1520. Missiv. p. 223.
74) Diese ganze Darstellung beruht auf folgenden Urkunden: Schreib. an Sigism. d. d. ipso die Johannis ante portam latinam (6. Mai) 1520. Missiv. p. 227 und d. d. Dienstag post ascens. dom. (8. Mai) 1520. Missiv. p. 231. Zwei Berichte des Jacobus Fürstenberg, des Gesandten nach Lübeck d. d. Lübeck Dienst. binnen der octava corporis Christi (12. Juni). Acta Internunt. von 1520.
75) Sein Schreiben d. d. Thorn 31. Aug. 1520 in den Actis Internunt. Ueber eine dritte Schaar von 2000 Mann, die sich bei dem Mecklenburgischen Flecken Plae (Plau) sammelte, berichtet auch das 74) angeführte Rathsschrb. an Sigismund d. d. 8. Mai. Missiv. p. 231.
76) Videndum igitur est, schreibt der Rath in dem oben angeführten Briefe an Sigism., et summopere enitendum, quibus his et aliis moliminibus tam serenissimi domini Regis Datiae, quam ordinis Theutonici efficanter occurratur ... proditum etiam est, quam saepe minor manus, dum metuit, majorem prae contemtu parum instructam profligavit; operae pretium itaque esse censetur, omnes in unum ad opportuna praesidia contendere.

77) Schreib. der Sendeboten Eberhard Ferber und Ulrich Huxer d. d. Thorn Freit. vor Joh. Bapt. (22. Juni) 1520. Acta Intern.
78) Acta Internunt. d. d. Stralsund Donnerst. vor Judica (22. März) 1520.
79) Rathsschrb. an Lübeck d. d. Sabato ante voc. Jucund. (12. Mai) 1520. Missiv. p. 229.
80) Rathsschrb. an Lübeck d. d. Freit. sub octava corp. Christi (8. Juni). Missiv. 1520 p. 237.
81) Fürstenbergs Brief an den Rath d. d. Lübeck Dienst. innerhalb der Octave corpor. Christi (12. Juni) 1520. Acta Internunt.
82) Eberhard Ferbers Schreib. an den Rath d. d. Thorn Donnerst. am Tage Margareth. (12. Juli) 1520. Acta Intern.
83) Schreib. Sigismunds an den Rath d. d. Thorn Mittw. assumption. Mariae (15. Aug.) 1520. Schubl. 76, 665.
84) Schreib. Sigismunds an Christian II. d. d. Thorn Freitag nach visitat. Mariae (6. Juli) 1520. Acta Internuntiorum.
85) Schreib. des Rathes an Sigism. ipso die Bartholomaei (24. Aug.) 1522. Missiv. p. 333.
86) Geijer II. p. 10. Anm. 1.
87) Rathsschrb. an Sigism. d. d. ipso die Johannis ante portam latinam (6. Mai) 1520. Missiv. p. 227.
88) Rathsschrb. an Sigism. d. d. Mont. p. Michael. archang. (1. Oct.) 1520. Missiv. p. 250.
89) Schreib. Christians II. an den Rath d. d. Schloss Calmar Sonnt. nach Matthiae apt. (23. Sept.) 1520. Schubl. 14, 264.
90) Rathsschrb. an Christina Nils Tochter d. d. St. Lucae evangel. (18. Oct.) 1520. Missiv. p. 254.
91) Rathsschrb. an Christ. II. d. d. Mittw. p. Hedwigis (10. Oct.) 1520. Missiv. p. 253.
92) Rathsschrb. an denselben d. d. Donnerst. p. circumcisionis domini (3. Jan.) 1521. Missiv. p. 265. Dasselbe ging einige Wochen später noch einmal am 24. Jan. mit demselben Wortlaut ab.
93) Schreib. Christ. d. d. Copenhagen 28. Febr. 1520. Acta Internunt. und d. d. Copenh. Dienst. nach Valentini (8. Jan.) 1521. Schubl. 14, 265.
94) Schreib. Christ. d. d. Copenh. Donnerst. nach Laetare (14. März) 1521. Schubl. 14, 267.
95) Rathsschrb. an die Gesandten Eberhard Ferber und Curt von Suchten d. d. Mont. nach Quasimodogeniti (8. April) 1521. Acta Internunt.
96) Rathsschrb. an dieselben d. d. Freit. vor Judica (15. März) und d. d. Sonnt. Misericord. (14. April) 1521. Acta Internunt.
97) Schreib. derselben Gesandten an den Rath d. d. Thorn Mittwoch nach miseric. dom. (17. April) 1521. Acta Internunt.
98) Schreib. des Ambrosius Sturm an d. Rath d. d. Copenh. Dienst. vor Margareth. (9. Juli) und Sonnt. vor Mar. Magdalen (21. Juli) 1521. Acta Internunt.
99) Ueber die Angelegenheit der Steffen Sasse sind benutzt: Schreib. Gustavs, des Erzbischofs von Upsala, Johannes zu Odensee, Otto zu Westeras d. d. Stockholm Sonnt. nach Barthol. (25. Aug.) 1521. Rathsschrb. an Sigismund d. d. Dienst. post nat. Mariae (10. Septbr.) 1521. Missiv. p. 284. Rathsschrb. an Severin Norby d. d. Mittw. p. Michael. (2. Octbr.) 1521. Missiv. p. 289 und an Gustav, Erzb. zu Upsala und den Schwed. Reichsrath. Missiv. p. 291. Rathsschrb. an Jürgen von Baysen und den Bischof vom Culmsee d. d. Dienst. post Simon. et Judae (29. Octbr.) 1521. Missiv. p. 293. Bornbachs Recesse von 1521 p. 351 ff., 395, 410 ff., 417 ff.
100) Vergl. Handelmann a. a. O. p. 70 ff.
101) Rathsschrb. an Lübeck d. d. Dienst. p. misericord. dom. (16. April) 1521. Missiv. p. 269.
102) Schreib. Christians an den Rath d. d. Montag nach Brixii (18. Novbr.) 1521. Schbl. 14, 269.
103) Schreib. des Eberh. Ferber d. d. Dirschau am Sonnt. nach Aller Heiligen (3. Nov.) und d. d. Sonnt. vor Elisabeth (17. Nov.) 1521. Schreib. des Ambrosius Sturm d. d. Dirschau Donnerst. nach Catharinae (28. Novbr.) 1521. Acta Internunt.
104) Rathsschrb. an Christian d. d. 18. Novbr. Missiv. p. 295.
105) Schreib. des Danzig. Rathes an den von Nürnberg d. d. in vigilia Andreae apt. (29. Novbr.) 1521. Missiv. p. 302. Schreib. des Urbanus Ulrich an den Rath d. d. Nürnberg am Tage des heil. Johannis evang. (27. Decbr.) 1521. Acta Internunt. — Confirmatio procuratorii magistro Urbano Ulrico ad judicium camerae imperialis concessi, quando Nurembergam missus est d. d. Gedani 12. März 1522. Missiv. v. 1521 p. 291. — Instructio Spectabilium dominorum Gedanensium, data magistro Urbano Ulrico, ad praesides et regentes judicii camerae imperialis Nurembergam proficiscenti. Missiv. v. 1521 p. 301. Schreib. des Rathes an den von Nürnberg, an den Dr. Swopach und seine Vollmacht d. d. 12. März 1522. Missiv. v. 1522 p. 314.
106) Bornbachs Recesse von 1521 p. 373, 379, 394, 406 ff. So heisst es in dem Briefe an den Kaiser: „Nam sufficientes nos sumus ipsi justitiam unicuique cum subditis nostris ministrare, si quid aliquis adversus illos habeat...... Quia si quid damni patiantur subditi nostri, nos cogeremur vicissim cogitare, quomodo illud pari modo recompensari possit." Und in dem Schreiben ad praesides Camerae Imperialis: „Nam si (subditi nostri) cuipiam fuerunt obnoxii et coram nobis conveniantur, non deerimus illi, qui auctoritate nostra de eisdem subditis nostris justitiae remedium integre reportabit.

107) Rathsschrb. an Christian d. d. Dienstag nach Lichtmesse (4. Febr.) 1522. Missiv. p. 307. In der That war die Nachsicht des Rathes gegen Dänemark so weit gegangen, dass, als im Winter 1521 Dänische Kauffahrer die in Schonen arrestirten Häringe, die dort von Danziger Kaufleuten gesalzen und mit ihrer Merke versehen waren, zum Verkauf nach Danzig brachten, den Danzigern verboten wurde, ihr eignes wohlbezahltes Gut zu confisciren; was natürlich die Bürger gegen Dänemark ungemein erbittern musste. Rathsschrb. an die Rathssendeboten in Cracau d. d. Mont. nach Pauli Bekehrung (26. Jan.) 1523. Missiv. p. 7.

108) Eine Copie der Bundesartikel d. d. 17. April 1522 fand sich unter den Actis Internunt. von 1523. Der 17. April war wohl der Tag der Auswechselung der gegenseitig unterschriebenen Reverse. Diese Artikel lauten:

Copia der tohopeszate tusschen den Van Lûbeck vnd dusser Stadt Dantzig. praetermisso Exordio. Wye Borgermeistr vnd Rathmann dr Statt Lubeck Bekennen apenbaer In vnd mit dusszem vnszem Breue vor Jedermennichlick, de oue szehn add horen lessen Dat wie vns mit dem Erbarn Namhaftigen vnd Wyszen Herrn Borgermeistere, Rade, Scheppen vnd gantzer gemeynte dr Louelicken Stat Dantzig wolbedachten mods.

Erstmaels vnd anfenglicken syn alle vnd iszlicke myszhegelicheide gescheie thwiste vnd gebreke gesponne erringe vnd wedderwille zo eynigerley wiesz tbusschen den van Lübeck vnd Dantzig vnd den eren allenthaluen bethere entsprothenn vnd entholden nichte buthenn bescheid gantz vnd geheel vorgeten vpgehauenn henwechgelecht vnd io ewigen tyden gedempel, Scholen ock nymmer gedocht gereppet efte vorgenamen werden. Denne sal eyn den andern getrowlick menen, leth leth, leepf lepf sien, Szalen ock alle vnd iszlicke Rechtszforderinge, zo etlicke szundrige porsonen beyder Stede to eyner beydn stede togesageden vnd vormeynden beschwernissze vnd scheden haluen eyniger mathe hebben muchten de thiet ouer dieszer gutlicken vereyninge, dwile de durett, gantz vnd deger suspenderet, stille staen vnd In Rowe gestellet werden vnd blyuen Szo dat dennach an elcker szyde eynen yedern ciagenden sien Recht vnuorslaten sie, syne thosproke In geborlicken vnd behorlick, ock ordentlicken vnd Richtlicken ende, na vthgange dieszes vorbundes, vnd nicht anders tho fordern. — Eyn Jeder sal synem Rechten Herrn doen, wes he vom Rechte vnd billicheit schuldich vnd plichtig Is, na vermogen eynes elcken priuilegien. — Daer de eyne efte andere von kon. w. to Dennem. ouerfallen wurde sal de eyne den anderrn nicht vorlaten, Dan na allem vormogen entszeigen getruwlick helpen vnd bystaen. — Derglicken daer de eyne efte ander ouerfaren befeydet oder bestellet wurde van dersoluigen kon. w. to Denne. Dat In Deme falle de andr sick aller vnd iszlicker thofoer Vitallie krigeszretschaft edder sust alles dardurch de fyendt vnd nodiger muchte entsettet, getrostet addr gestyuet werden, gantz vnd deger entholde De fynde vnd nodiger Ock ere tostender In Hauenen gebeden etc. nicht lyden, feyligen, geleyden, vpholden eddr vorfordern, szunder boleuent weten vnd willen der ouerfaernen eddr bestelleden, Denne sal eyn den andern mit profande vnd aller notturft entsetten. — Nymant sal ane weten vnd willen des andern feyden eddr szonen, Dann eyn des andern besten weten vnd vor schaden warnen. — Dar kon. w. van Denne. eynich ouerfall dede, dem eynen eddr andern mit Schepenemynge edr slutinge der Strome, anholdinge edr sust to watr edder to Lande mit der Daet vnd men derwegen io Handtgrepe, wedderwere vnd feyde queme etc. sal In dem falle eyn den andern mit nichte vorlaten, szundr alle syner kon. w. Hulper vnd tostender szelen made vor Viande geachtet vnd gehalden werden. — De Priuilegia In den Canthoren vnd Riecken Dennemarken, Sweden vnd sust In andern orden getruwlick to vorbiddenn mit den ersten Ock touorlaetlicken in Swedenriecke to szegelen, datsoluige mit aff- vnd tofaer to entszetten vnd nicht touorlaeten Darto sick de Erhar Raeth von Dantzke mit den ersten tusschen hier vnd dem laetsten dage May neigstkunftlich tom widesten schicken vnd hebben willen, vmbe sick thegens kon. w. bauengemelt, erer gelegenheit nha, wo sick dat thon eren eygent, In middeler tydt tho varwaren, kan auer de vthreidinge erer Schepe ere gescheen, sal nicht vorblyuen, Dar Inne sze eren besten flieth vorwenden willen. Dhas is ock des Gemeyne oock anderer orde mode to gebruecken Vnd aff kon. w. to Denne. dat keren vnd vorbeden wolde, In deme Is allenthalben s. kon. w. gruszam vornemen, vnd Stapelszanstellinge etc. (dat denne eyn fundament van disser voreyninge is) mit eyndrechtiger Hulpe vnd bystendicheit vpt forderlixte vnd thouorlatigeste vortokamen. Und wes man des samplick vnd besundern thouorn heft vnd namaels In merer begudinge erholden eddr erweisen kan, glieck to geneten. Wes men ock to der behoeff In Hulpe von andern der Ansze vorwanten vpbringen kan, sol byden deelen ock eren medehulperen tom besten sien, kamen vnd gedeiet werden, na antballe vpgelechter borde, darane ock nymant synen eygenen nott sol szoken Szolen ock de Ersam. van D. erer priuilegien, Zo sze to bergen In Norwegen, als der Ansze Ledemaien hebben, mede geneten vnd darsuluest na vormogen des Copmannes Ordinantie togelaten werden. — Der where vnd tostanden haluen Is berametvndbeslaten, Datt wo de Ersszam. van Lûb. XII., dartegen saten de von Dan. X. vthrichten, Dorup. d. Ersam. van Lub In der Summen XXIIIIC. (2400) vnd de Ersszam. v. Dan. IIM. (2000) duischer vth maken wegen. — Disse tohopeszatte sal de tohopeszatte wendischer vnd gemeyner Ansze Steder vnuorscuglick sien Szal ock den wendischen vnd andern gelegenen Szesteden In disse tohopeszatte mede to treden vnd de na vermoge mede antonemen apenn blyuen. — Als men tor widderwere vnd feyde gedrungen sol men im Roue na antalle der wehrhaftigen ock Im Szolde glick sien in mathen wo men an beyden deelen des fredesam wirt vnd ouereyn kompt. — Vnd aff eyn del In sunderheit, daer de andr nicht by en were, dem fiende affbrock dede, datsoluige wes also eröuert, sal blyuen by dem parte, dat sick hier Inne befleten eynszodant an sick to bringen. Wat auers mit eyndrechtigen wapen vnd beyder syt Hulpe vnd todaet dem fiende affgetagen wurde, dat sul gaen to glicker buthe na antalle der wehrhaftigen. — Des Is ock nicht afftowiecken van der oiden gewanheit In der Szeh geholden, Szo de eyne dem fiendtt anfyelle vnd de ander sick beflete by em to weszen em In solckem anfalle tegens den fiendt Hulpe vnd bystant to doen, Dwiel he den andern Im gesichte hedde, de also mit dem fiande to wercke gynge vnd doch vth Nowicheit des wyndes adder anders by synen medehulper vnd bystender nicht kamen kunde, Szo sal he doch dessoluigen Roues vmbe synes truwen vorszates willen mededeelhaftich sien vnd geneten, Szo ferne he dat bewisszen kann vnd durch de andern alszo erkant wirt. — Vnd daer men Slote, borge, Stede, Dorper addr plaetze dem fyande affbreke, Herrn vnd Riddermethische, edder sust eynen groten Adelslude gefangen wurde, dat alle sal to gliecken deele gaen der Hersch. als dem Rade beyder Stede vnd erer Hulper, na anthalle der wehrhaftigen. — Dussze fruntlicke tohopeszathe vnd vorbuntniss sal beth to vthdracht dr szaken mit kon. w. to Denne. syner kon. w. nodigent, anstellent vnd vornemendes vnd was dem ancleuet vnd darna noch III. Jaer lang, van wegen beyder Stede vnd erer gantzen Gemeyne von dato disses Breues vnuorbraken vestlick weszen, waren vnd duren. Szo dat men Im ersten, andern edder dridden der dryer Jaer, na der bauen bestymmeden vthdracht, beyder Stede deputerde vnd geschickede darvmbe tohopekamen, vmbe desse Dynge wider to bestedigen, to vorandern, to uorlengen na gelegenheit. — To Orkunde hebbe wie Borgermeister vnd Rathmanne bauen beroert diesszen Breff mit vnszer Statt Ingeszegel witlicken beten vorszegelen, den Erb. v. Dantzig wedder entffangen. — Na der gebort vnszes Herrn Dusent Vieffhundert Twevndthwintich den XVII. dach Aprilis.

109) Bornbachs Recesse von 1522 p. 441, 449, 504, 536 und 561.